Concretar y organizar veladas, espectáculos y eventos con fines de animación

Ana Isabel Fernández Garrón

ic editorial

Concretar y organizar veladas, espectáculos y eventos con fines de animación
© Ana Isabel Fernández Garrón

1ª Edición

© IC Editorial, 2024

Editado por: IC Editorial
c/ Cueva de Viera, 2, Local 3
Centro Negocios CADI
29200 Antequera (Málaga)
Teléfono: 952 70 60 04
Fax: 952 84 55 03
Correo electrónico: iceditorial@iceditorial.com
Internet: www.iceditorial.com

ISBN: 978-84-1184-458-1
Depósito Legal: MA 2580-2024

Impresión: PODiPrint
Impreso en Andalucía – España

Nota de la editorial: IC Editorial pertenece a Innovación y Cualificación S. L.

Presentación del manual

El **Certificado de Profesionalidad** es el instrumento de acreditación, en el ámbito de la Administración laboral, de las cualificaciones profesionales del Catálogo Nacional de Cualificaciones Profesionales adquiridas a través de procesos formativos o del proceso de reconocimiento de la experiencia laboral y de vías no formales de formación.

El elemento mínimo acreditable es la **Unidad de Competencia.** La suma de las acreditaciones de las unidades de competencia conforma la acreditación de la competencia general.

Una **Unidad de Competencia** se define como una agrupación de tareas productivas específica que realiza el profesional. Las diferentes unidades de competencia de un certificado de profesionalidad conforman la **Competencia General,** definiendo el conjunto de conocimientos y capacidades que permiten el ejercicio de una actividad profesional determinada.

Cada **Unidad de Competencia** lleva asociado un **Módulo Formativo,** donde se describe la formación necesaria para adquirir esa **Unidad de Competencia,** pudiendo dividirse en **Unidades Formativas.**

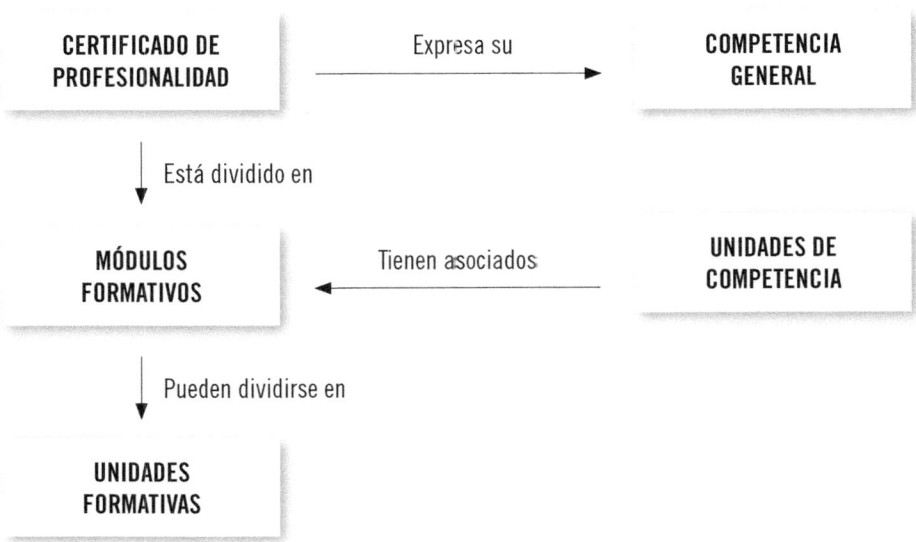

El presente manual desarrolla la Unidad Formativa **UF1939: Concretar y organizar veladas, espectáculos y eventos con fines de animación,**

perteneciente al Módulo Formativo **MF1096_3: Veladas y espectáculos con fines de animación,**

asociado a la unidad de competencia **UC1096_3: Organizar y desarrollar veladas y espectáculos con fines de animación,**

del Certificado de Profesionalidad **Animación físico-deportiva y recreativa.**

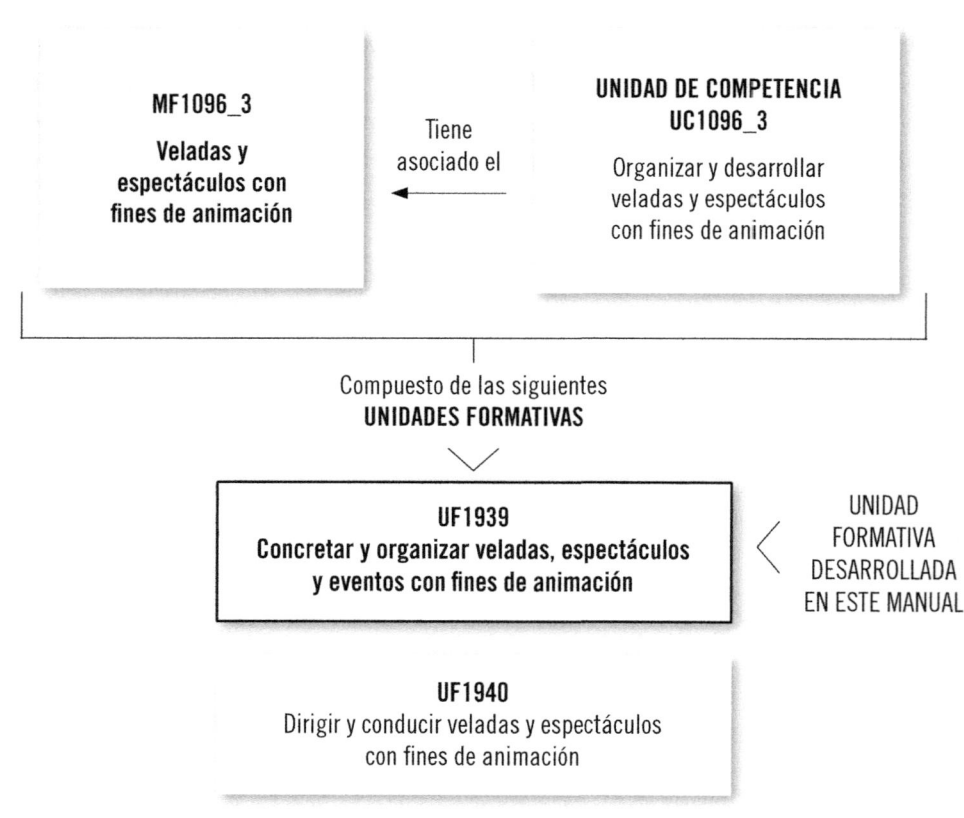

MF1096_3

Veladas y espectáculos con fines de animación

Tiene asociado el

UNIDAD DE COMPETENCIA UC1096_3

Organizar y desarrollar veladas y espectáculos con fines de animación

Compuesto de las siguientes
UNIDADES FORMATIVAS

UF1939
Concretar y organizar veladas, espectáculos y eventos con fines de animación

UNIDAD FORMATIVA DESARROLLADA EN ESTE MANUAL

UF1940
Dirigir y conducir veladas y espectáculos con fines de animación

FICHA DE CERTIFICADO DE PROFESIONALIDAD

(AFDA0211) ANIMACIÓN FÍSICO-DEPORTIVA Y RECREATIVA (R. D. 1076/2012, de 13 de julio)

COMPETENCIA GENERAL: Elaborar, gestionar y promocionar proyectos de animación físico-deportivos y recreativos y organizar, dinamizar y dirigir los eventos y actividades que lo constituyen, dirigidos a todo tipo de usuarios, adaptándolos a las características del medio y a las características y expectativas de los participantes, garantizando la seguridad en todo momento y consiguiendo la plena satisfacción de los usuarios, en los límites de coste previstos.

Cualificación profesional de referencia		Unidades de competencia	Ocupaciones o puestos de trabajo relacionados:
AFD509_3 ANIMACIÓN FÍSICO-DEPORTIVA Y RECREATIVA (R. D. 146/2011, de 4 de febrero)	UC1658_3	Elaborar, gestionar, promocionar y evaluar proyectos de animación físico-deportivos y recreativos	• Animador/a físico-deportivo y recreativo/a • Coordinador/a de actividades de animación deportiva • Monitor/a de actividades físico-deportivas y recreativas en campamentos
	UC1659_3	Organizar y dinamizar eventos, actividades y juegos de animación físico-deportiva y recreativa para todo tipo de usuarios	
	UC1095_3	Organizar y desarrollar actividades culturales con fines de animación turística y recreativa	
	UC1096_3	Organizar y desarrollar veladas y espectáculos con fines de animación	
	UC0272_2	Asistir como primer interviniente en caso de accidente o situación de emergencia	

Correspondencia con el Catálogo Modular de Formación Profesional

Módulos certificado	Unidades formativas	Horas
MF1658_3: Proyectos de animación físico-deportivos y recreativos		90
MF1659_3: Eventos, actividades y juegos para animación físico-deportiva y recreativa	UF1937: Organizar y gestionar eventos, actividades y juegos para animación físico-deportiva y recreativa	60
	UF1938: Dirigir y dinamizar eventos, actividades y juegos para animación físico-deportiva y recreativa	90
MF1095_3: Talleres y actividades culturales con fines de animación turística y recreativa		70
MF1096_3: Veladas y espectáculos con fines de animación	UF1939: Concretar y organizar veladas, espectáculos y eventos con fines de animación	40
	UF1940: Dirigir y conducir veladas y espectáculos con fines de animación	80
MF0272_2: Primeros auxilios		40
MP0408: Módulo de prácticas profesionales no laborales de animación físico-deportiva y recreativa		120

Índice

Capítulo 1
Concreción de veladas y espectáculos

Contenido

1. Introducción

Una velada o cualquier evento que tenga como fin la animación es una actividad que requiere una organización precisa y cuidadosa. Aunque a veces pueda parecer que el resultado sea el de un espectáculo de apariencia improvisada y hasta algo caótico, hay multitud de factores a tener en cuenta; y dos de ellos son primordiales:

- Como evento lúdico debe promover la participación, la diversión y la satisfacción de todas aquellas personas que participan en él. Es decir, hay que diseñar un evento 100 % accesible.
- En una sociedad como la actual que aspira a la verdadera inclusión hay que tener en cuenta que el ocio debe estar al alcance de todos los posibles usuarios, sin que ninguna característica como la edad, la diferencia cultural o la discapacidad supongan una limitación.
- La atención a las diferencias debe ser un elemento que esté presente siempre.
- Es una actividad a desarrollar para personas y con personas.

Los animadores, monitores, actores o músicos serán un tipo de profesional con su propia idiosincrasia. Los participantes de la velada serán niños pequeños, pasajeros de un crucero de vacaciones o alumnos de primer curso de un colegio mayor; cada grupo con el que se va a interactuar tendrá unas características que podrán estar más o menos definidas.

Algunas de estas características, como la edad, pueden —y posiblemente sea así— conocerse de antemano, pero otras, como el nivel de motivación o de cansancio de los asistentes, no es posible. Por ello, y teniendo como objetivo claro el éxito del espectáculo, hay que ser capaz de, partiendo de una organización propia, ser flexibles y, llegado el momento, adaptar e incluso improvisar la organización. Aunque parezca contradictorio, esta capacidad de improvisación y de adaptabilidad pasa por una buena organización previa y un buen proyecto de animación.

Obviamente no es igual la organización de una velada de fin de campamento en una zona de árboles y con menores de edad que una celebración de acogida de nuevos miembros en el Colegio de Psicólogos. Aun así, en ambos casos, es necesaria una estructura organizativa mínima que pasa por tener en cuenta algunos elementos básicos. Objetivos, metodología, evaluación, materiales y personal necesario son elementos básicos sobre los que estructurar una actividad.

Hay otros elementos secundarios, pero no menos importantes, como la música, la ambientación o la duración de la velada, que también son necesarios aprender a planificar y desarrollar.

Para el trabajo de diseño y organización de veladas y eventos es imprescindible contar, en primer lugar, con toda la información disponible y, en segundo lugar, con una buena organización interna.

No hay que perder de vista el proyecto de animación de referencia, pues servirá para concretar algunas características del espectáculo.

2. Veladas y espectáculos en el contexto de un proyecto de animación

Un proyecto de animación, independientemente del lugar donde se desarrolle, puede sustentarse en actividades de distinto tipo según el objetivo del proyecto, las características de las personas que lo van a desarrollar y una serie de elementos que se irán desarrollando a lo largo de este manual. Todas las actividades pueden tener una estructura rígida, semirrígida o abierta, según las necesidades.

Es imprescindible, para orquestar correctamente una velada o espectáculo —tenga la estructura que tenga—, definir y desarrollar unos objetivos con precisión.

2.1. Objetivos

Aunque nuestra actividad tenga una finalidad meramente lúdica, existe una clasificación para el desarrollo de objetivos que, aun siendo originario de la pedagogía, resultará muy útil: la selección de objetivos generales y objetivos específicos:

- **Objetivos generales:** son objetivos amplios, deben reflejar el propósito final de la actividad. Suelen ser vagos y estar poco definidos. Normalmente serán uno o dos. No son medibles. Por ejemplo: integrar al alumnado nuevo al centro o divertir a los visitantes del museo.
- **Objetivos específicos:** concretan el contenido de los objetivos generales, son más específicos. Deben servir de guía para el desarrollo de la actividad. Por ejemplo: realizar actividades que fomenten el conocimiento del centro escolar o mostrar a los visitantes del museo este edificio como algo lúdico.

Si la actividad tiene una finalidad eminentemente educativa o hay que evaluar los resultados con precisión (por ser la primera vez que se desarrolla o por realizarse con un equipo humano novato, por ejemplo), se puede definir también un tercer tipo de objetivos:

- **Objetivos operativos:** definirán los pasos a dar para desarrollar la actividad partiendo de los objetivos específicos para conseguir los objetivos generales. Deben ser fácilmente cuantificables, muy concretos.

Si la actividad forma parte de una actividad general, o si se va a repetir durante un periodo de tiempo, puede ser útil además concretar objetivos a medio y largo plazo. Consistirían en un desglose de los objetivos generales.

Es importante recordar que todos los objetivos deben estar relacionados entre sí y, por supuesto, con el objetivo u objetivos generales.

También existen los **objetivos transversales,** que son aquellos que se trabajarán de manera indirecta. Son habituales en las actividades realizadas por entidades con un contenido social, como las asociaciones que trabajan con la infancia, pero no exclusivos de ellas. Por ejemplo, una animación que se realice en una zona de campo abierto puede tener como objetivo transversal el respeto por la naturaleza.

En general, los objetivos se expresan en infinitivo.

Actividades

1. Indicar al menos dos objetivos que puedan servir como objetivos generales y también transversales.
2. Redactar cuáles serían los objetivos generales y específicos de una velada de acogida para un grupo de adolescentes que comienza un campamento de verano de magia teniendo en cuenta que tienen el mismo rango de edad pero no se conocen entre ellos.

Toda actividad debe ser evaluada a su finalización, a ser posible el mismo día o al día siguiente para que no se olviden las impresiones y los acontecimientos ocurridos. Esto permitirá corregir errores y mejorar la velada. Cuando el trabajo que se lleva a cabo se desarrolla con grupos de personas, es fácil que se produzcan acontecimientos imprevistos que se salgan de lo programado. Una buena evaluación es básica para conocer qué puede pasar en qué situaciones y ser capaz de anticiparse o corregir sobre la marcha y poder continuar con el espectáculo.

 Nota

Según la Real Academia Española de la Lengua (RAE), "velada" se define como:

I Reunión nocturna de varias personas para solazarse de algún modo.
I Fiesta musical, literaria o deportiva que se hace por la noche.

Una correcta evaluación pasa por una buena definición de objetivos. Saber qué hay que conseguir a través de qué pasos y poder cuantificarlo hará la evaluación mucho más fácil y útil.

2.2. Indicadores generales

El trabajo a desarrollar organizando una velada o un espectáculo de animación puede llevarse a cabo en dos grandes ambientes diferenciados:

- Un espacio de ocio.
- Un espacio educativo.

Por **espacio de ocio** se entiende cualquier lugar, institución, organismo o ambiente donde la actividad a desarrollar tenga como principal componente la diversión de los asistentes. Espacio de ocio sería:

- Restaurante.
- Hotel/albergue.
- Parques temáticos.
- Parques de atracciones.
- Cruceros.
- Piscinas públicas.
- Salas de fiestas.
- Teatros.
- Salones de celebraciones.
- Etc.

Se entiende **espacio educativo** como aquel lugar, institución, organismo o ambiente donde la actividad a desarrollar tiene como finalidad principal la educación, la formación y el refuerzo de habilidades relacionadas con aspectos formativos, de educación en valores o sociales, ya sea como tema principal o como tema transversal. Espacio educativo sería:

- Asociaciones/ONG.
- Campamentos infantiles.
- Escuelas de verano.
- Aulas hospitalarias.
- Guarderías, colegios e institutos.
- Centros de día de mayores.
- Centros de día de personas con discapacidad o dependientes.
- Equipos deportivos.

- Bibliotecas.
- Museos.
- Etc.

La gran diferencia a la hora de planificar una actividad de animación entre ambos espacios es que, al identificar y diseñar los objetivos generales, en el caso de una actividad en un espacio educativo debe haber al menos un objetivo relacionado con los valores que estén recogidos en su proyecto educativo, ya sea el respeto a los iguales, fomentar el reciclaje, reforzar la autonomía, etc. Estos objetivos vendrán dados por una necesidad detectada por los miembros de la entidad (problemas de discriminación en un instituto, por ejemplo) o por el desarrollo concreto de una actividad, como celebrar el fin de curso o el día del libro.

Las actividades de animación a la lectura o de la celebración del día del niño serían un ejemplo de animación en un espacio educativo.

Nunca se debe olvidar el componente lúdico, sea cual sea el objetivo de la actividad. Hay que promover siempre la diversón de los participantes.

 Sabía que...

Cada vez más instituciones como los museos cuentar con animadores que realizan actividades lúdicas para acercar la cultura a los visitantes.

Una animación realizada en un encuentro de jóvenes discapacitados que se reúnen para hablar de políticas sociales puede —y debe ser— tan divertida como la que se organice para celebrar el cumpleaños de un niño de cuatro años, por ejemplo.

Las animaciones, ya sean veladas, concursos, fiestas, etc., están concebidas como actividades eminentemente lúdicas; deben ser divertidas, alocadas, alegres, etc., independientemente de que el objetivo marcado como general sea solamente entretener o sea un objetivo pedagógico.

En cualquiera de los casos, puede ocurrir que la estructura básica de la velada ya esté prefijada o incluso que se repita el mismo diseño una y otra vez y solo sea necesario hacerse responsable de un aspecto concreto como la música o la ambientación. De cara a una formación integral, se entiende que es necesario saber organizar la actividad en su totalidad.

2.3. Interdependencia entre la animación diurna y nocturna

La velada organizada puede ser un espectáculo nocturno o diurno. Puede ser que se lleve a cabo por un acontecimiento puntual o que una misma celebración se desarrolle durante el día y la noche.

Por ejemplo, un hotel que celebra el día de Halloween en sus instalaciones, durante el día solicita una velada de miedo infantil, dirigida a los niños alojados en sus instalaciones, y por la noche otra velada pero esta vez para los adultos. Ambas veladas, aun compartiendo temática, tendrían una estructura completamente distinta. Habría que diferenciar el espacio para adultos y niños, garantizando la seguridad de los niños, averiguar sus edades para determinar el personal necesario, decidir si se van a repartir caramelos, etc. En el caso de los adultos, conocer igualmente las edades, si hay grupos de amigos o parejas, etc.

 Recuerde

Es muy importante conocer el espacio del que se dispone para realizar una buena organización de la velada o espectáculo.

Una opción a tener en cuenta sería, dado que el tema de la velada es común, decorar el espacio. En este caso, al ser un hotel, sería interesante no solo decorar el lugar donde se va a desarrollar la velada, sino los espacios comunes. Se diseñaría una decoración más sencilla para el día, basada en adornos divertidos, y otra más compleja para la noche, basada en este caso en jugar con las luces y los tópicos de la fiesta: fantasmas, esqueletos, etc.

Decoración nocturna para Halloween

Decoración diurna para Halloween

De manera general, las animaciones diurnas están recomendadas para desarrollarlas en espacios abiertos, amplios, con grupos grandes; están especialmente indicadas para actividades con niños.

En el caso de las nocturnas, están recomendadas para adultos, grupos pequeños, veladas del terror, espectáculos de magia, etc.

Hay actividades que sería recomencable modificar según los destinatarios. Por ejemplo, una entrega de diplomas infantiles podría hacerse por la tarde junto a la merienda y, en el caso de adultos como final de una velada con cena y música.

Es recomendable, aunque la velada sea semejante de día y de noche, que se revisen aspectos como la iluminación o el espacio.

En el caso de que sea necesario realizar animaciones con diferente temática de día y de noche en el mismo espacio, es recomendable utilizar una ambientación que se monte y desmonte fácilmente.

Un elemento esencial a la hora de seleccionar un espacio para una velada (sea del tipo que sea) debe ser la accesibilidad y la inclusión.

Pueden darse varias circunstancias, en las que, independientemente del espacio del que se disponga, hay que cumplir una serie de requisitos mínimos para que, en el caso de que haya personas con ciertas discapacidades, puedan participar.

Y, aunque el evento esté destinado a un grupo de personas determinado y *a priori* no haya nadie con alguna necesidad, hay que considerar que es posible que haya alguna persona que tenga problemas de movilidad.

Uno de los principales objetivos debe ser ofrecer espacios adaptados para el disfrute y la seguridad.

Recuerde

Una buena ambientación puede mejorar enormemente una animación correcta, pero una mala ambientación puede estropear la mejor de las animaciones.

Aplicación práctica

Un grupo de 15 médicos, junto con sus parejas y sus hijos, están veraneando en el hotel donde usted es responsable de la animación. Le piden que organice una actividad de despedida para la noche del último día. ¿Propondría las mismas actividades para los hijos y los adultos? ¿Qué información básica necesitaría conocer de este grupo para poder organizar lo que le piden?

SOLUCIÓN

Debería saber (al menos):

- Con cuánto tiempo se cuenta desde la fecha hasta la actividad.
- De cuánto tiempo se dispone el mismo día de la actividad.
- Qué edades tienen los hijos.

Continúa en página siguiente >>

<< Viene de página anterior

I Si alguno de los participantes tiene alguna característica que le dificulte y/o condicione para participar o por la que necesite cualquier tipo de ayuda (movilidad reducida).
I Si quieren una actividad interior o exterior
I Si quieren una participación activa o pasiva.

La actividad sería distinta para los hijos y los adultos, pero solo se podrá concretarla cuando se conozcan las edades de los menores.

 Actividades

3. ¿Cómo decoraría un salón para una animación en un seminario de cocina?
4. ¿Y un patio de un colegio donde va a celebrarse el día del libro?

---

3. Elementos de la programación, uso y combinación de...

Existen tantos elementos a utilizar en una animación como temáticas seamos capaces de imaginar. El buen uso de un elemento, como un karaoke o una entrega de diplomas, puede convertir un acontecimiento *a priori* insulso en un espectáculo ameno y divertido. Aunque no todos los elementos se pueden usar siempre y en todo momento.

3.1. Música *disc-jockey* o música en vivo

La música es un elemento esencial en la mayoría de las animaciones. Como material, es relativamente fácil de organizar, basta con un buen reproductor y unos altavoces. Todos los lugares donde se puedan celebrar animaciones dispondrán de un enchufe para poder conectar un aparato y la mayoría —hoteles, barcos, cruceros, escuelas, etc.— es más que probable que disponga de un equipo propio de sonido.

Para el desarrollo de las actividades, hoy día, es muy sencillo tener una lista de reproducción en el móvil que se pueda conectar mediante bluetooth a los altavoces o al equipo de sonido.

Hay que distinguir entre la música que tiene una finalidad principal en la animación y la que tiene una finalidad secundaria.

En el primer caso, se habla de animaciones donde la música forma parte de la animación propiamente, como podría ser el juego de las sillas, en el que la música marca el ritmo del juego, o en el caso de musicales, juegos de baile, etc.

 Actividades

5. ¿Qué música usaría para una animación con un mago? Búsquela en Internet y enséñesela a sus compañeros.

Música *disc-jockey*

Consistiría en un animador experto en esta especialidad musical que reproduce en un equipo diseñado para ello (normalmente una mesa de mezclas) música propia o ajena.

Mesa de mezclas (© Fotografía: Blaxthos, vía web-CC BY-SA 3.0)

Es un tipo de animación muy concreto, por sus características se recomienda utilizarlo sobre todo con público adolescente o adultos jóvenes. Está aconsejado para amenizar veladas nocturnas.

Música en vivo

Este tipo de música engloba infinidad de posibilidades, desde un pequeño conjunto de cuerda que amenice una boda hasta una orquesta para un concurso de baile.

El elemento común es que, en todos los casos, los músicos estarían presentes en el lugar de la velada y/o tocarían y cantarían en directo.

Dependiendo de la actividad en la que se desarrolle, la música en vivo tendrá una función u otra. Esto también definirá la función de los animadores. Si la música va servir únicamente para ambientar la velada, es probable que la orquesta o el grupo de músicos haya acordado con los responsables de la animación o con las personas que los haya contratado el tipo de música, el tiempo, etc., en cuyo caso la función de los animadores será únicamente supervisar.

En el caso de que la música forme parte de un concurso, juegos, etc., sería necesaria una colaboración más cercana entre los animadores y la orquesta. Es necesario haber acordado previamente todo lo necesario y no dejar nada a la improvisación.

Hay que tener presente la necesidad de disponer del espacio suficiente por si se da el caso en el que hay personas con movilidad reducida que usen una silla de ruedas (manual o eléctrica y que necesiten más espacio para poder moverse y bailar.

Actividades

6. ¿Qué otros tipos de veladas y fiestas temáticas se le ocurren donde la música tuviera un papel secundario?

Continúa en página siguiente >>

<< Viene de página anterior

7. ¿Y dónde tuviera un papel principal?

3.2. Juegos de entretiempo

Lo habitual en una estancia de varios días, como el caso de un seminario, un crucero o una colonia infantil de verano, es que las actividades programadas de animación se desarrollen a lo largo del día y de la noche.

Sabía que...

Los primeros mentalistas y magos en el siglo XIX se presentaban ante el público como auténticas personas con poderes sobrenaturales.

Puede ocurrir que entre una actividad y otra quede algo de tiempo libre, demasiado corto para que los participantes se vayan y vuelvan, pero que pude provocar que el ambiente **se enfríe** y los participantes de desmotiven.

En este caso, existe un tipo de juegos llamados **de entretiempo.** Son juegos sencillos en su desarrollo y también en su explicación, aplicables a cualquier público.

Pueden ser juegos de cartas, pequeños trucos de magia o mentalismo, juegos de completar refranes, etc.

Un apunte especial merecen los menores de edad, sobre todo los más pequeños. En el caso de cambio de actividad o incluso de que la actividad programada se retrase, es probable que los niños en edad infantil se pongan nerviosos, se distraigan, intenten dispersarse, etc. Es recomendable, siempre que se lleve a cabo una actividad con estas edades, tener un repertorio de juegos de entretiempo que se puedan improvisar rápicamente y que sean sencillos de explicar y desarrollar. Los mejores son canciones o dinámicas con juegos de palabras, imitaciones, etc.

3.3. Entrega de premios de las actividades diurnas

Consiste en premiar distintos aspectos de las actividades que se hayan realizado durante el día. Pueden ser actividades que se hayan desarrollado durante un solo día, como un cumpleaños, o durante un periodo de tiempo más largo, como un campamento de verano infantil.

Es una actividad que por sus características se puede utilizar como comodín:

- No necesita de una ambientación específica, basta con un lugar donde se puedan exponer los premios.
- Puede realizarse en interior o exterior.
- Aunque la música puede ser un buen acompañamiento no es imprescindible.
- Se puede adaptar a cualquier edad.
- El animador no debe tener unos conocimientos concretos para hacer de anfitrión más allá de los inherentes al puesto.

Puede ser una actividad independiente o formar parte de una mayor.

Lo que es recomendable es que, si forma parte de una velada con varias actividades, la entrega de premios se realice antes del espectáculo principal.

La persona que dirija la entrega de premios puede ser un animador, en cuyo caso debería tener planificada la actividad, o algún miembro de la organización (como el director de un instituto), en cuyo caso la función del animador sería secundaria.

Recuerde

Es muy importante conocer el espacio del que se dispone para realizar una buena organización de la velada o espectáculo.

Si la entrega de premios está dirigida especialmente al público infantil o entre los asistentes hay muchos niños, es importante controlar que la velada no sea excesivamente larga para evitar que se cansen.

3.4. Juegos de baile o *champagne*

Este tipo de juegos consiste en organizar competiciones entre personas que están sentados en distintas mesas, de manera que cada una de ellas se considere un equipo. También puede competirse por parejas.

Se les llama **juegos de baile o *champagne*** porque originariamente se realizaban en cabarets y salones de baile y el premio era una botella de *champagne*.

Las características serían:

- Compuesto por juegos de fácil explicación.
- El desarrollo de los juegos también debe ser sencillo.
- El único material imprescindible es la música.

Son juegos pensados para llevar a cabo como sobremesa y sobre todo para adultos y adultos de la tercera edad. Pueden ser:

- Bailar según va cambiando el estilo de la música.
- Adivinar películas por la música.
- Adivinar a quién imita el animador.
- Bingos.

- Cambio de parejas de baile.
- El juego de las sillas.

También entraría en este grupo la animación con karaoke.

 Actividades

8. Reflexionar sobre las siguientes cuestiones:

ı ¿Qué animaciones son las más adecuadas para la tercera edad?
ı ¿Es distinta la función del animador según las edades?

3.5. Juegos locos

Definidos como juegos donde se utiliza la transgresión de las normas, la falta de lógica, la imaginación, etc. Aunque pueden realizarse con personas de cualquier edad, son especialmente indicados para niños menores de 10 años. Dependiendo de las edades y el espacio disponibles, pueden ser más movidos o más lentos, pero se recomienda realizarlos en espacios abiertos donde se pueda dar libertad a la expresividad.

Como materiales puede utilizarse música, pintura de caras, disfraces, etc.

Algunos ejemplos podrían ser improvisar un baile con música que va cambiando, cambiar el final de un cuento, etc.

Es importante el papel del animador, que debe ser muy activo, participativo y alegre.

Un cajón con disfraces es un buen complemento para los juegos locos.

Actividades

9. Diseñe un juego loco de quince minutos de duración para niños de 4 y 5 años.

3.6. Concursos o espectáculos de complemento

Los concursos y espectáculos de complemento incluirían todas las animaciones que por sus características pueden añadirse a un espectáculo mayor.

Son actividades ocio que reúnen las siguientes características principales:

- Pueden ser muy breves (como los *sketches*) o distribuirse en varios momentos (como un concurso).
- No necesitan una ambientación concreta.
- Pueden realizarse con o sin materiales o los materiales se pueden guardar y transportar con facilidad.
- Se adaptan con facilidad a cualquier edad y tipo de participantes.

Serían los:

- *Sketches.*
- Juegos de entretiempo.
- Elecciones.
- Concursos.
- Canciones.

Hay que tener en cuenta que, dado que son actividades de complemento a otras animaciones principales, debe haber una gradación en el espectáculo, evitando que estos complementos resulten más atractivos o espectaculares que el evento principal.

3.7. Elecciones o concursos

Elecciones y concursos son animaciones flexibles que se pueden poner en práctica en múltiples ocasiones. Están indicadas para todas las edades, siempre y cuando —como ya se ha indicado— se adapten los contenidos.

Las elecciones se adecuan más a un espacio en interior y los concursos al exterior.

Ambos pueden desarrollarse durante un periodo de tiempo corto, como una tarde, o durante un periodo de tiempo largo, durante todo un campamento, y crean un ambiente de sana competición que dinamiza a los participantes.

Los concursos consisten en juegos de distinto tipo donde se compite por un premio. Pueden ser:

- Deportivos (liguillas de fútbol, de baloncesto, etc.).
- De repostería.
- De imitaciones.
- De canciones.
- Infantiles.
- Yincana.

Las yincanas merecen un apunte aparte, pues consisten en dividir a los participantes por equipos que deben competir entre ellos o también cooperar.

Estos equipos deben resolver una serie de pruebas de fuerza, ingenio, inteligencia o habilidad de manera que la consecución de una prueba les lleva a la siguiente.

Desde hace unos años, se ha generalizado los llamados *Scape rooms,* donde se agrupa a los participantes en grupos de entre dos y seis personas, se les "encierra" en una habitación y se las da una hora para que resuelvan el enigma que les llevará a la salida y al fin del juego.

Las pruebas pueden estar interconectadas por un núcleo temático (yincana deportiva, yincana matemática) o formar parte de una historia que se les va narrando a los participantes a la vez que van resolviéndolas. Este es el modelo más común en las animaciones temáticas y es la base de muchas de las veladas nocturnas.

Las elecciones consistirían en proponer un tema y pedir a los participantes que voten.

 Actividades

10. Diseñar una actividad que incluya al menos dos tipos distintos de animaciones para un mismo grupo.

3.8. *Sketches*

Es una pequeña representación de menos de quince minutos. Normalmente comprende una escena estructurada con un principio, un desarrollo y un final. Puede contener un único acto largo o varios actos cortos. Además, estos actos cortos pueden o no tener un tema común.

Tiene su origen en el teatro de variedades y el vodevil.

 **Definición**

Vodevil
Comedia frívola, ligera y picante, de argumento basado en la intriga y el equívoco, que puede incluir números musicales y de variedades.

Puede tener cualquier temática, aunque lo habitual es el humor.

Debido a su pequeño formato, el final debe ser sorpresivo o imprevisto. Puede ser mudo o hablado.

Es muy útil para servir de transición entre actuaciones de distinta intensidad dramática, por ejemplo entre una actuación musical y un mago.

Indicado para todas las edades siempre que se adapten los contenidos. El en caso de los niños, se pueden incorporar elementos como las marionetas como personajes que interactúan con los actores.

Dado su complejidad es necesario que se realice con animadores expertos en este tipo de actividad.

En el caso de que sea un espectáculo mixto, se recomienda tener un guion que sirva de base para los participantes no profesionales.

 Nota

Los *sketches* mudos son aconsejables cuando se tienen participantes de distintas edades.

3.9. Fiestas

Es un concepto genérico que engloba casi a cualquier tipo de animación festiva. Pueden ser diurnas o nocturnas, con menores, adolescentes o adultos. A la hora de elegir el público destinatario es importante no mezclar adolescentes con público adulto y tercera edad.

Como recomendación general, deberían organizarse separando niños, adolescentes y adultos.

Aunque no es imprescindible, es habitual que incluya música y comida, ya sea una cena formal o entremeses.

Como evento de animación es una actividad en la que los participantes deben tener una forma de participación activa, en algún caso compartida, pero nunca pasiva.

Puede incluir la mayoría de los elementos tratados: concursos, música en directo o *disc-jockey,* juegos de baile, etc.

Tipos de fiestas temáticas

Dentro de esta clasificación estarían las fiestas temáticas:

- Veladas del terror.
- Fiestas de Navidad.
- Fiestas de fin de año.
- Halloween.
- Carnaval.
- Fiesta de la primavera.
- Fiesta del agua.
- Etc.

Los temas son prácticamente infinitos.

Aquí se incluirían animaciones realizadas para otro tipo de eventos, como bodas o cumpleaños.

Un elemento imprescindible, sea cual sea la temática a desarrollar, es la ambientación. Puede consistir en decorar las zonas comunes únicamente, pero lo habitual es que la ambientación esté presente en el lugar donde se vaya a desarrollar el evento, sea en una zona interior como un salón de actos o exterior como una piscina.

Además de la decoración propiamente, también se puede elegir una música determinada, un tipo de comida característica y hacer que los propios animadores estén caracterizados siguiendo la temática propuesta.

 Nota

En las fiestas temáticas es imprescindible una justa coordinación entre la decoración, la música y la animación.

3.10. Cabarets de animadores

Por definición, un cabaret es un tipo de espectáculo eminentemente nocturno, destinado a adultos y que tiene una característica que le diferencia del teatro: en el cabaret se puede comer y beber a la vez que se disfruta de la actuación.

Aunque tradicionalmente se asocia a actuaciones con cierta picardía, provocativas o con intención de crítica social o política, hay muchos tipos de espectáculos que pueden incluirse dentro de este género:

- Bailarinas.
- Cantantes.
- Imitadores.
- Monologuistas.
- Magos e ilusionistas.
- Mentalistas.
- Payasos.

Es adecuado para lugares que cuenten con un pequeño teatro, incluso con un escenario reducido, ya que el formato se adapta bien a la cercanía con el público.

En el caso de que lo realicen los animadores, es necesaria una buena formación en el ámbito del espectáculo que se va desarrollar ya que, si bien la animación requiere de habilidades como cierto grado de teatralidad, en este caso se habla de una representación completa.

Es importante, por supuesto, trasmitir el espíritu del espectáculo a los asistentes y conseguir que, a pesar de ser solo espectadores, se sientan partícipes de lo que están viendo.

Es una actividad que requiere una gran organización y preparación previa, ensayos, diseño de vestuario, materiales, etc., no puede ser improvisada.

Siempre que haya que representarlo en un sitio nuevo hay que visitarlo antes de la actuación y, a ser posible, ensayar en él, ya que puede variar el espacio, el sonido, etc., aspectos que es necesario concretar antes del espectáculo.

Esta es la imagen más clásica que nos ha llegado del cabaret: la pintura de Toulouse Lautrec.

3.11. Cabarets de clientes

La estructura de un cabaret de clientes sería la mencionada anteriormente, pero se llevaría a cabo por las personas con las que se está realizando la animación. Los animadores se encargarían de la organización.

Es una animación concebida para realizarse durante un espacio de tiempo amplio, debido a la preparación que requiere.

Es ideal para llevarlo a cabo en un hotel, un crucero, un campamento de verano, etc.; en definitiva, en cualquier espacio en el que se tenga la seguridad de que los participantes van a permanecer el tiempo necesario para preparar las actuaciones (además del vestuario, atrezo, etc.).

Por el tipo de espectáculo no es aconsejable en un ambiente educativo como colegios o institutos.

La idea puede partir del establecimiento, de los propios participantes o ser una actividad que los animadores ofrezcan desde el principio.

La organización básica una vez que se decide desarrollar la actividad sería:

- **Difusión:** pueden ponerse carteles anunciando la actividad en las zonas comunes e indicando el lugar y la hora para que acudan los interesados.
- **Concretar el espectáculo:** aunque los animadores tengan una idea previa de qué espectáculos realizar, deben confirmarlo en base a las personas que se ofrecen, adaptando la idea original a ellos, a sus capacidades y sus preferencias.
- **Reparto de funciones:** no solo hay que determinar qué espectáculo hará cada uno sino también el vestuario, la ambientación, la decoración, etc.
- **Fecha del cabaret:** decidir una fecha en la que se pueda representar de manera que todo el mundo tenga tiempo de preparar la parte que tiene asignada. No olvidar que es una actividad lúdica donde lo importante es que los participantes se diviertan.
- **Temporalización:** determinar en qué fechas puede haber un primer ensayo, cuándo pueden estar cosidos alguno de los disfraces, etc., es la manera de concretar objetivos a medio plazo.
- **Ensayo general:** determinar una fecha que debe ser lo suficientemente cerca del día del estreno para que todos estén preparados pero que permita hacer cambios sin problemas.
- **Actuación:** decidir la fecha para la actuación. Es conveniente asegurarse de que todos los miembros estarán disponibles en esa fecha.

Estos puntos pueden variar en base a las necesidades, pero son una buena base para comenzar a trabajar.

Si se dispone de una zona permanente de ensayos, sería recomendable que los puntos acordados se expusieran allí, de manera que todos los interesados puedan consultarlos y no quepa lugar a ninguna confusión.

 **Actividades**

11. ¿Qué temas pueden tratarse en el cabaret para que pudiera ser un espectáculo para todos los públicos sin perder su "espíritu"?

3.12. Musicales

En el caso de los musicales, la estructura organizativa sería similar a la del cabaret. Puede realizarse por los animadores o por los clientes.

La diferencia sería, por un lado, obviamente, la necesidad de cantar y bailar y, por otro, que debido a este formato es un tipo de espectáculo que puede utilizarse —de hecho es muy común— con menores.

 Nota

Es necesario averiguar las habilidades de los participantes, puede que alguien con poca voz sea un excelente encargado de vestuario.

Tanto si son los clientes los que lo realizan (sean adultos o niños) o los animadores, hay que recordar lo indicado sobre el cabaret: es un espectáculo que requiere una gran organización y no puede improvisarse. Necesita de tiempo para llevarse a cabo.

Los pasos básicos serían los mismos:

- Difusión.
- Concretar el espectáculo.

- Reparto de funciones.
- Fecha de la representación.
- Temporalización.
- Ensayo general.
- Actuación.

En el caso de que los participantes sean niños, es importante:

- Elegir una temática apropiada por tema y por complejidad.
- Tener en cuenta las edades de los menores a la hora de determinar horarios de ensayo, duración, etc.
- Fomentar un buen clima de trabajo.
- Actividades
- Explicar cómo haría la difusión de un espectáculo en un instituto.

 Actividades

12. Explicar cómo haría la difusión de un espectáculo en un instituto.

4. *Shows* externos

Cuando el trabajo de animación se contrata desde un hotel, un restaurante, un salón de bodas, etc., es habitual que coincidan otras actuaciones, ya sean de músicos, cantantes, magos, etc. El papel del animador en ese caso, sin dejar de ser importante, cambia y pasa a realizar otras actividades.

4.1. Espectáculos de producción mixta

El ejemplo más sencillo de un espectáculo de producción mixta sería el de un espectáculo de magia.

Un ejemplo sería el de un hotel que oferta una animación infantil durante las tardes y que después de la merienda ofrece un espectáculo de magia a los niños alojados.

La función del animador sería:

- La animación anterior al espectáculo.
- Un juego de entretiempo, ya que habitualmente los espectáculos de magia requieren de cierta preparación previa.
- Mantener el orden en la sala mientras dure la actuación: vigilar que los niños están en silencio, que no salen solos, si necesitan ir al baño, etc.
- Las funciones que le designe el mago: puede ser que pida que un animador sea su ayudante o que le ayude a elegir a voluntarios entre el público. Esta función sería recomendable —en la medida de lo posible— poder prepararla junto con el mago con anterioridad al espectáculo.

La magia es el más común de los espectáculos mixtos con los que un animador puede trabajar (© Fotografía: Michael Bergman, vía web-CC BY-SA 3.0).

Aplicación práctica

Indique en cada tipo de cliente qué clase de actividad le sugeriría para participar, matice si sería nocturna o diurna y justifique por qué:

I Un grupo de jóvenes que busca una actividad dinámica para después de la ceremonia de fin de curso en la universidad.
I Un grupo de seis niños que ha acabado pronto la actividad anterior y que espera para la siguiente sin nada que hacer.
I Un grupo de abuelos que está pasando un fin de semana en un hotel y quiere un entretenimiento de sobremesa.
I Un centro cívico que trabaja con adolescentes y quiere celebrar la noche de Halloween.

SOLUCIÓN

Música *disc-jockey:* la actividad sería nocturna y es de suponer que querrán una actividad donde puedan participar pero sin preparación previa.

Dado que están esperando para entre dos actividades sería juegos de entretiempo. Actividad diurna.

La animación más adecuada para la tercera edad: juegos de baile o *champagne.* Actividad diurna.

Sería una fiesta temática, así que: fiesta de Halloween. Actividad nocturna.

Nota

Un animador con especial habilidad para los monólogos puede ser muy adecuado para ocupar los espacios entre espectáculos.

5. Niveles de programación de la animación nocturna

Como se ha repetido en este manual, una buena organización es fundamental para obtener buenos resultados. La programación es la base sobre la que se estructura todo el desarrollo de cualquiera de las actividades, veladas y espectáculos.

Hay una gran diferencia entre si la producción es mixta o si es propia.

5.1. Estructura de la velada

Una velada, como la mayoría de los espectáculos, tiene una estructura semejante a una representación teatral o una novela; una primera parte donde se presenta la actividad, una parte central donde se desarrolla la actividad y una final donde se clausura la actividad y se produce la despedida:

- **Presentación:** primera parte de la velada. Dentro de la presentación se distinguen dos partes:

  - Saludo y acogida: tanto si los animadores van identificados como si no, es aconsejable que se presenten al comenzar. Si los participantes de la velada están en un lugar distinto a donde se va a desarrollar, es aconsejable realizar este primer contacto en ese lugar y luego dirigirse todos juntos al espacio de la animación.
  - Explicación: se presenta la actividad, en qué consiste, la duración aproximada y se informa de cualquier aspecto que sea necesario antes de comenzar.

- **Desarrollo:** se lleva a cabo la velada propiamente. En el caso de que la velada sea en el exterior, y especialmente si los participantes son menores, es necesario que haya animadores disponibles en caso de que alguno de ellos necesite salir de la velada (para ir al baño, para descansar, etc.).
- **Desenlace/fin de fiesta:** si la velada es un juego, yincana, concurso, etc., se decidirán los ganadores. Si es un musical, cabaret, etc., la actuación diseñada para finalizar. Se debe intentar acabar con un final divertido,

impredecible, de manera que se deje a los participantes con una sensación satisfactoria.

Las veladas, dado su carácter de nocturnidad, cuando se preparan para niños suelen consistir normalmente en yincanas en las que se recrea una historia (fantasmas, caballeros y dragones, personajes de literatura infantil, etc.). En estos casos, los niños suelen llegar al final relativamente excitados, por lo que se recomienda, antes de acabar, alguna dinámica de relajación.

Nota

Una manera de crear ambiente en una yincana temática es comenzarla y acabarla con un cuentacuentos breve.

Actividades

13. Buscar dinámicas que se utilicen para presentarse y aprenderse los nombres, tanto para adultos como para niños.

5.2. Criterios de temporalización de veladas y espectáculos

No todos los espectáculos se pueden hacer con todo tipo de participantes, ni todos con la misma duración.

En general, se debería tener en cuenta una serie de características que afectan a la temporalización:

- **Duración general de las actividades:** hay que tener en cuenta cuántas actividades están programadas para un mismo día. Se debe intentar que la programación esté equilibrada tanto si es únicamente para un día como si es para un espacio más largo de tiempo. También hay que contar con que en lugares como un hotel puede que se tenga que repetir una misma actividad varias veces durante el día o durante una semana para que puedan realizarla las personas alojadas que tuvieran otras actividades programadas la primera vez que se realizó.
- **Edades de los participantes:** hay muchos aspectos relacionados con la edad determinantes a la hora de programar una actividad u otra. Es un aspecto que siempre se debe preguntar.
  Los niños tienen un tiempo de atención menor que un adulto. También, niños y adultos mayores necesitan más descansos. La mayoría de los espectáculos nocturnos no son adecuados para niños.
- **Tipo de participación:** la intensidad y la duración de los espectáculos deben ser distintas según el grado de participación. Si el espectáculo tiene como protagonistas a los participantes (como en el caso del cabaret), sería razonable no programar actividades de alta intensidad el día antes o la misma tarde de la representación. Tampoco programar dos actividades con temática deportiva seguidas.
  Si por el contrario, el participante va a tener una actitud pasiva, el espectáculo puede ser más largo y estar programado junto a otras actividades más largas o intensas durante el día.
- **Tipo de espectáculo o actividad:** hay actividades que se pueden realizar prácticamente en cualquier lugar —como muchos tipos de juegos infantiles— y otros que necesitan mucha preparación. Son factores que también afectan a la temporalización. Si se va a usar una piscina durante el día no debe haber problemas, pero por la noche puede que haya que pedir permiso.
  Las actividades nocturnas en el exterior deben señalizarse e iluminarse las zonas de juego. Debe hacerse de manera que esté listo cuando empiece la velada pero que no afecte a actividades previas, por ejemplo.
- **Lugar:** el espacio es importante para la temporalización, hay diferentes aspectos a valorar:

  - Cuántas personas pueden acceder sin problemas.
  - Si es un espacio compartido para varias animaciones.

▪ Si es permanente o portátil (una carpa, por ejemplo).

▪ Si dispone de equipo de audio o se debe transportar de otra parte.

Actividades

14. ¿Qué clase de animación se podría llevar a cabo en una piscina?

15. ¿Qué aspectos habría que tener en cuenta de cara a la seguridad de los participantes?

6. Programación

Por programación se entiende el proceso por el cual se concretan las posibles actividades que van a realizarse, la temporalización, el personal humano y todas los aspectos necesarios para el correcto desarrollo de las animaciones, incluyendo los objetivos y la metodología de evaluación.

Todo ello, en relación a actividades que se van a desarrollar en un periodo concreto de tiempo.

Es un proceso de planificación.

6.1. Metodología de elaboración

La primera pregunta que surge sobre la elaboración de una programación es: ¿cuándo se programa? Y realmente no hay una única respuesta correcta. Las asociaciones y empresas que trabajan con menores suelen adaptar la programación a los periodos de escuela/vacaciones infantiles, por lo que es habitual que programen por trimestre. En el caso de hoteles, resorts y establecimientos vacacionales, lo hacen por temporadas: Navidad, Semana Santa, etc. A menudo, el mejor consejero es el sentido común, que dicta que si se es el responsable de la animación en un crucero de quince días, esta debe estar lista antes de embarcar.

La programación es la unión de varias piezas para que todo encaje (© Fotografía: Andreas.Roever, vía web-CC BY-SA 3.0).

En cualquier caso, es recomendable que una vez que se comiencen a realizar actividades de animación, ya sea a nivel profesional o con entidades sin ánimo de lucro, se concrete cada cuánto tiempo se va a realizar la programación.

Es necesario insistir en la necesidad de organización siempre que sea posible.

Una vez que se ha decidido en qué periodo de tiempo se va a programar, es necesario que se determine qué persona es responsable de cada cosa. Aunque haya un coordinador responsable, es muy recomendable que la metodología utilizada para el diseño de la programación sea participativa y abierta a los comentarios y sugerencias de los animadores.

Hay que realizar una programación a nivel general, por ejemplo, durante un trimestre, y, una vez que se tiene clara esta programación, habría que desglosar cada una de las actividades. Para ello se utiliza una ficha de cada actividad (más adelante se explicará con detalle).

Reparto de tareas

Con respecto al reparto de tareas, en general se puede hacer de dos maneras: o bien se eligen responsables de una o varias actividades globalmente o se selecciona al personal responsable de aspectos concretos como la provisión de los disfraces, el material para la ambientación, el contacto con los participantes, etc. Si el trabajo se realiza en una empresa u organización grande, es probable que esta sea la metodología elegida y el animador solo se ocupe de la actividad que va a desarrollar, existiendo un empleado al que deba indicarle qué materiales van a ser necesarios para cada espectáculo.

Es importante asegurarse de que hay animadores suficientes para cada actividad y de que tienen los conocimientos y las habilidades necesarios para desarrollar las funciones asignadas.

Nota

En el proyecto genérico de animación debe aparecer un organigrama con los diferentes responsables.

Temporalización

Las reuniones de programación, aun siendo profesionales con experiencia, suelen ser largas, pues hay muchos aspectos a concretar. Es aconsejable diseñar una temporalización de manera que se concreten varias reuniones en las que decidir distintos aspectos de la programación en cada una de ellas. De esa manera se permite a los animadores preparar cada reunión con tiempo, consiguiendo ser reuniones más operativas.

Es importante realizar la programación cuando se ha acabado un ciclo de trabajo por dos razones:

- Permite realizar una evaluación del trabajo realizado y ver qué errores hay que subsanar.
- No tener la presión de falta de tiempo o disponibilidad del personal.

Cuando ya se ha programado anteriormente, es habitual tener actividades de referencia que solo hay que confirmar y que no necesitan de demasiada organización previa: fiestas de Navidad y Reyes en diciembre/enero, carnavales en febrero, fin de curso en junio, etc.

Una vez se ha concretado quién hará qué y en qué momento, es necesario concretar cada actividad. Esto debe hacerse tanto si la velada o espectáculo es nuestro, como si se ha solicitado una animación concreta.

Nombre de la actividad	Entrega premios club ajedrez
Horario	20:30 - 23:30
Número de participantes	35
Edades de los participantes	Adutos
Temática	Entrega de premios
Lugar	Salones Club Ajecrez (se ndicaría la dirección)
Número de monitores necesarios	3 (dos animadores/ presentadores + mago)
Materiales necesarios	Pequeño escenario, micrófono, diplomas
Características especiales	Animación de una entrega de premios a desarrollarse después de una cena en el lugar

Toda esta información debe ser recogida por escrito. Es aconsejable tener dos tipos de documentos, uno para el trabajo diario, donde aparezca solo la información imprescindible, y otro donde se describan minuciosamente los detalles de las actividades.

Este sería un ejemplo de una programación anual (también puede ser trimestral o mensual) donde solo se indica el día y el tema de la actividad para que pueda verse de manera sencilla.

Enero	- Fiesta Reyes. Día 6 - Velada entrega premios literatura. Día 12
Febrero	- Fiesta San Valentín Día 14
Marzo	

Continúa en página siguiente >>

<< Viene de página anterior

Abril	
Mayo	
Junio	Graduación bachillerato. Día 12
Julio	
Agosto	Fiesta del agua. Día 17
Septiembre	Fiesta bien venido el otoño. Día 21
Octubre	
Noviembre	
Diciembre	

Ejemplo de modelo de registro de actividad concreta

Se deben realizar varias reuniones según el tiempo programado para revisar la programación, confirmar fechas y actividades y resolver los posibles problemas que hayan ido surgiendo.

El ideario

Todas las entidades de carácter social que realizan animación y espectáculos tienen un documento que recoge los valores que defienden, las características de vulnerabilidad del grupo con el que trabajan, etc. También los centros educativos disponen de un documento similar.

Cada vez más entidades de animación privadas recogen en sus proyectos genéricos de animación su implicación con un tema que va más allá de lo lúdico, por ejemplo la difusión del patrimonio local o la defensa de los juegos tradicionales.

Si existe este ideario debe quedar reflejado en todas y cada una de las actividades que se realizan, aunque tengan un carácter lúdico.

El lugar donde se refleja es en los objetivos, tanto en los generales como en los transversales.

Estos objetivos deben aparecer registrados en las fichas de actividades.

La evaluación

El último punto a tener en cuenta es la evaluación. Es necesario tener un modelo de evaluación común para todas las actividades y que recoja los aspectos más importantes. No es necesario que sea muy extenso, sino que evalúe los aspectos básicos.

La evaluación es imprescindible para conocer si la velada o el espectáculo se han desarrollado correctamente y, si no ha sido así, analizar los errores y proponer propuestas de mejora.

Lo ideal es que se realice al acabar la actividad o lo antes posible para evitar olvidar aspectos destacables.

En el caso de que la actividad sea nueva o de que existan dudas sobre su desarrollo, se puede incluir algún juego al final que ayude a medir el nivel de satisfacción de los participantes o algún otro aspecto interesante.

 Nota

Para evaluar la opinión de los participantes existen distintos tipos de dinámicas.

¿Qué se debe evaluar? Los criterios de evaluación primordiales estarían divididos en tres grandes grupos:

- **Personal:**

  - ¿Ha llegado puntual?
  - ¿Eran suficientes animadores?
  - ¿Ha realizado correctamente sus funciones?

- ¿Estaba dónde debía estar?

■ **Material:**

- ¿Estaba preparado con antelación?
- ¿Era suficiente?
- ¿Era adecuado para la actividad/edades/lugar?

■ **Actividad:**

- ¿Ha sido correcta la duración?
- ¿Ha comenzado y finalizado como estaba programada?
- ¿Ha sido adecuada para los destinatarios?
- ¿El espacio era el correcto?
- ¿Ha sido necesario cambiar algo?
- ¿Cuál es la evaluación global?

Pueden añadirse los apartados que se consideren oportunos; por ejemplo, puede ser útil evaluar la respuesta de los participantes.

Hay que dejar un apartado para anotaciones que puedan considerarse interesantes y que no estén recogidas en otra parte de la evaluación.

6.2. Carácter de las actividades

La selección de los distintos tipos de actividades se puede hacer en base a distintos criterios:

- **Según la tipología del colectivo destinatario:** infantiles/adultos/tercera edad.
- **Según el tipo de participación requerida:** participantes pasivos/activos.
- **Según el objetivo marcado:** lúdicas/educativas.
- **Según el origen:** propias o por encargo.
- **Según el momento del día:** nocturnas/ diurnas.
- **Según el lugar donde se desarrollen:** de exterior o de interior.

En apartados posteriores se profundizará en las diferentes tipologías.

Actividades

16. ¿Qué otras clasificaciones podrían añadirse al listado anterior?

6.3. Fichas de la actividad

Las fichas de actividad no tienen una estructura fija, sino que dependerá de las necesidades de la programación. Lo que sí es recomendable es que se utilice siempre el mismo formato, aunque en algún caso haya algún campo que permanezca en blanco.

Hay una serie de aspectos que hay que incluir en toda ficha de actividad:

- **Nombre de la actividad:** de manera que sea fácilmente localizable.
- **Temática:** velada del terror, fiesta de cumpleaños, etc.
- **Horario:** debe aparecer bien claro, sin que haya confusión.
- **Número de participantes:** imprescindible para una correcta organización.
- **Edades de los participantes:** en el caso de que sean adultos no es necesario indicar la edad, solamente escribir **adultos.** En el caso de que los participantes sean niños, sí es importante saber de qué edades. También en el caso de que sean personas mayores.
- **Lugar:** se indicará el lugar donde se va a desarrollar la velada, interior o exterior, y el sitio concreto.
- **Número de monitores necesarios:** se indicarán cuántos monitores se necesitan y si se precisan monitores especializados: payasos, magos, cantantes, etc.
- **Materiales:** se anotarán todos los materiales que se necesitan. Es importante que se desglosen todos los recursos necesarios, ampliando el casillero si fuera necesario. De esta manera se facilita tenerlos preparados con antelación.

- **Evaluación:** se indicarán los criterios de evaluación que se han indicado anteriormente.
- **Características especiales:** se indicará cualquier aspecto que no se haya incluido antes y que sea importante: si la velada tiene un horario especial, si hay que revisar el tiempo porque es en exterior y hay que avisar con antelación para cambiar la ubicación, si uno de los participantes se mueve en silla de ruedas, etc.

TABLA PARA LA PROGRAMACIÓN DE ACTIVIDADES				
Actividad	**Metodología**	**Recursos**		
Qué se va a hacer	Quién la va a hacer	Cómo se va a hacer	Para qué se va a hacer	Con qué se va a hacer
Un retrato con legumbres	Niños y niñas de 4 años asistentes a la ludoteca	Se entregará un folio a cada uno, en él pintarán primero sus retratos y posteriormente pondrán pegamento y encima las legumbres secas	Para desarrollar las habilidades plásticas y destrezas artísticas de los niños y niñas	Con papel, pegamento en barra, lápices de colores y diferentes tipos de legumbres secas (lentejas, garbanzos, judías, etc.)
...	...	...	...	...

Ejemplo de modelo de tabla para la programación de actividades

Es recomendable que exista un cuadrante donde se exponga la programación semanal y las fichas de cada actividad, de manera que sea visible para todos los animadores

Aunque no se utilice para para el trabajo diario, debe haber un registro con un modelo de ficha de actividades ampliado donde se recojan por escrito todos estos datos ampliados además de los objetivos de la actividad y los marcadores de evaluación.

Nombre de la actividad	
Objetivo general	
Objetivo específico	
Lugar	
Fecha	
Materiales necesarios	
Horario	
Número de monitores necesarios	
Temática/tipo de evento	
Características especiales	
Edades de los participantes	
Descripción actividad	
Otros aspectos relevantes	

Otro modelo de ficha de actividad

 Aplicación práctica

El CEIP (centro de educación infantil y primaria) Adolfo de Castro va a realizar una fiesta de acogida a un grupo de 15 niños ingleses de 8 años que vienen a su centro de intercambio. La clase que los recibe está compuesta por otros 15 niños. Quieren una fiesta donde los niños interaccionen, pues no se conocen. Realice la ficha de la actividad, indicando al menos un objetivo general y dos específicos.

SOLUCIÓN

- Nombre de la actividad: fiesta de bienvenida.
- Temática: animación infantil.
- Objetivo general: integrar al alumnado extranjero.
- Objetivos específicos: compartir una primera toma de contacto, fomentar las relaciones entre los niños en un entorno divertido y compartir juegos.
- Horario: por la tarde, es un centro escolar que imparte clases por la mañana.
- Número de participantes: 30 niños y varios adultos.

Continúa en página siguiente >>

<< Viene de página anterior

I Edades de los participantes: 8 años.
I Lugar: salón de actos y patio del colegio.
I Número de monitores necesarios: uno por cada cinco alumnos.
I Materiales: dependerá de las actividades que se desarrollen, una radio, música, etc.
I Características especiales: se desconocen (el idioma).

NOMBRE DE LA ACTIVIDAD	FIESTA DE BIENVENIDA
Objetivo general	Integrar al alumnado extranjero
Objetivo específico	- Compartir una primera toma de contacto - Fomentar las relaciones entre los niños en un entorno divertido - Compartir juegos
Lugar	Salón de actos y patio del colegio
Fecha	XX/CC/2014
Materiales necesarios	Una radio, música
Horario	De 17:00 a 19:00
Número de monitores necesarios	Seis
Temática/tipo de evento	Animación infantil
Características especiales	Parte de los participantes no hablan bien castellano
Edades de los participantes	8 años (varios adultos)
Descripción actividad	- Se realizarían varios juegos donde los niños se tuvieran que mezclar, presentarse, colaborar, etc. - Podría haber comida típica de los dos países. - También podría decorarse con banderas de España e Inglaterra o con monumentos y lugares típicos de ambos países.
Otros aspectos relevantes	

7. Publicidad: métodos de captación

La publicidad, en cualquier área de la animación, es esencial para dar a conocer la actividad de la que se es responsable tanto a un público interesado como a uno potencial.

Básicamente, la publicidad tiene dos funciones:

■ Dar a conocer la actividad o actividades en general de una entidad o emprresa en concreto.
■ Proporcionar información sobre una actividad en concreto

Es importante distinguir dos tipos de acciones publicitarias:

■ La que tiene como finalidad captar a participantes que no conocen o que *a priori* no tienen interés en la actividad.
■ Informar y crear expectación sobre un espectáculo concreto en un marco general de actividades lúdicas.

En el primer caso, se trataría de una velada. espectáculo, etc., dirigido a un público genérico (animaciones para cumpleaños) o específico (fiesta de fin de año en un hotel) pero al que se desconoce.

Sabía que...

La publicidad de espectáculos es una herramienta muy antigua. En la Antigua Roma ya aparecen anuncios donde se ofrecen las mejores fiestas del Imperio.

Se debe utilizar un método de captación que atraiga a la persona a través de una emoción simple, como la sorpresa, de tal modo que despierte la curiosidad.

Actividades

17. Buscar en Internet un anuncio en papel, un cartel publicitario o uno de radio que le parezca original y explique por qué lo ha elegido.

No es recomendable dar demasiada información la primera vez, pues puede hacer que el receptor no se haga una idea correcta de la actividad que se está ofertando y pierda el interés.

En el segundo caso, se trataría de un espectáculo a realizar en un lugar donde los participantes acuden voluntariamente buscando un entretenimiento. Se parte de una situación en la que hay un público potencial con predisposición a participar en la actividad.

Sin perder de vista que sigue siendo necesario atraer al público, es importante dejar claro en este primer contacto una serie de datos:

- Dónde va a desarrollarse la actividad.
- Cuándo va a desarrollarse.
- Si está programado que se repita.
- A qué público va dirigida.
- Si es necesario inscribirse con antelación.
- Dónde se puede ampliar la información.

Una publicidad original no tiene por qué ser complicada

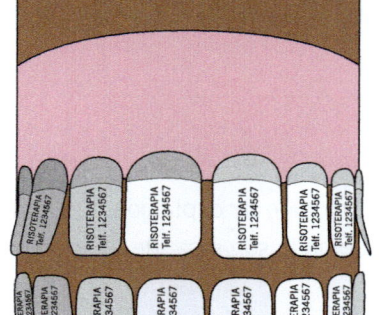

Como norma general, toda publicidad, sea en el formato que sea, debe ser original y novedosa. Su obligación es despertar el interés de la persona que la recibe. Es importante innovar, ofrecer algún elemento original que las personas recuerden.

Pueden utilizarse como recursos:

- El humor.
- La música.
- La transgresión de las reglas, el surrealismo.
- El miedo.
- La nostalgia.
- La intriga.
- Etc.

 Sabía que...

El personaje del gran dibujante Quino, Mafalda, apareció por primera vez en un anuncio de prensa.

Como último apunte, hay diferenciar la publicidad **pasiva:** expositores, ambientación, anuncios en papel, etc., en la que la información se ofrece a cualquiera que entre en contacto con ella pero sin interacción, y la publicidad **activa:** captación de grupos, contacto personal, gags, etc., donde hay una interacción entre el animador y el público potencial del espectáculo.

7.1. Expositores

Los expositores son el modo más simple de publicidad. Consisten en un tipo de mueble de tamaño mediano, del tipo de una estantería, donde se va a colocar la información de la actividad a publicitar de manera que esté expuesta para que las posibles personas interesadas se acerquen a la información que contiene. Pueden ser de diferentes materiales: madera, plástico, cartón, etc.

La ubicación va a depender de qué se esté anunciando y dónde:

- Si la actividad se realiza en un espacio cerrado como un hotel o un barco, se colocarán los expositores o bien en el sitio que esté habilitado para la información de las actividades de ocio (puede ser la recepción, por ejemplo) o en el lugar donde se vaya a desarrollar el espectáculo (en la puerta del teatro si se trata de un musical, por ejemplo).
- Si se realiza en un espacio compartido, por ejemplo en el salón de actos de un colegio, lo ideal es un sitio donde haya tránsito de personas, como el *hall* del edificio, a no ser que ya haya un sitio habilitado para ello.
- Otra posibilidad es que se coloque el expositor en la calle, ya sea en la entrada de la oficina de la empresa de animación, de la asociación, etc., o en una tienda o local donde resulte interesante anunciarse, como una agencia de viajes.

 Actividades

18. ¿Qué clase de expositor usaría para publicitar un concurso de repostería entre los clientes de un hotel? Dibújelo.

En el expositor debería haber al menos dos tipos de documentos:

- Un documento de información general (localización de las oficinas, datos de contacto, tipos de actividades que se realizan, etc.) de la entidad a la que se pertenece (empresa, asociación, establecimiento turístico, etc.).
- Orto documento con la información del espectáculo que se está publicitando.

Ambos tipos de documentos suelen consistir en un tríptico impreso a color con la información reseñada, fotos y el logotipo de la entidad.

El expositor es un elemento combinable con otros medios de publicidad, como el contacto personal o la caracter zación

Un expositor original puede ser suficiente para captar la atención de los transeúntes.

En el caso de que se vaya a utilizar como único elemento, es aconsejable utilizar un modelo de expositor original, que resulte atractivo en sí mismo e invite a los clientes potenciales a acercarse. En la medida de lo posible, sería recomendable que, además de tener un diseño divertido, tuviera alguna relación con la temática de lo que se anurcia.

Nota

En los establecimientos hoteleros suele haber un expositor cerca de la recepción o junto a ella con folletos con diferentes ofertas culturales y de ocio.

7.2. Captación de grupos

La captación de grupos es un método de publicitarse que se basa en realizar un pequeño espectáculo en un lugar abierto cuyo objetivo es atraer a clientes potenciales a los que al finalizar se ofrecerá la posibilidad de ampliar la información sobre la actividad y quién la desarrolla.

Esta información se puede generar a través del reparto de folletos informativos, del contacto personal o de ambas.

Lo ideal es elegir un lugar que sea seguro, es decir, donde no haya tráfico pero sí bastante tránsito de personas a lo largo del día:

- Un parque.
- Una plaza pública.
- El mercado.
- El interior de un centro comercial (en este caso puede ser necesario pedir permiso con anterioridad).

Si se va a cortar el tráfico, la actividad implica algún riesgo (por ejemplo, si se usa un tragafuegos) o se va a interrumpir el desarrollo de las actividades cotidianas de la zona, hay que solicitar permiso a las autoridades, normalmente a la policía local.

Además del lugar, hay que elegir cuidadosamente el horario, para ello se intentará conocer el lugar y definir a qué público se quiere atraer: si es un espectáculo infantil no se hará en horario escolar durante la semana, por ejemplo, sino por la tarde.

Recuerde

Si va a salir a un espacio público a realizar una animación para la captación de grupos para la que ha tenido que solicitar algún permiso, no olvide llevarlo consigo, ya que es probable que la policía local se la solicite.

Actividades

19. ¿Qué horario elegiría para publicitar un espectáculo destinado a la tercera edad?
20. ¿Cree que la captación de grupos sería el método adecuado? Razone su respuesta.

7.3. Contacto personal

El contacto personal consiste en un método de publicitar actividades en el que el animador se acerca personalmente al público que considera puede estar interesado en el espectáculo para darle información sobre él.

En el caso de actividades para todas las edades o de un público muy amplio, se corre el riesgo de que las personas no quieran oír la información, o que simplemente no tengan tiempo de pararse.

Como método publicitario para desarrollar en la calle tiene cierto riesgo. Puede mejorar su eficacia si se acompaña de disfraces y caracterización, pero sobre todo con público infantil o joven.

Es más adecuado para utilizarlo en espacios cerrados de ocio, como un hotel o un crucero, donde la clientela *a priori* está predispuesta a acudir a los espectáculos y veladas de la organización y se mostrará interesada en oír la información disponible.

Nota

Un ejemplo de contacto personal para publicitarse son los responsables de dinamizar bares y restaurantes que ofrecen ofertas o bebidas gratis a los transeúntes.

Es importante que el animador sea correcto y educado y que utilice un lenguaje profesional pero accesible. Hay que evitar presionar a una persona que abiertamente indica que no tiene interés o que simplemente no quiere pararse.

7.4. Ambientación de áreas comunes

Esta manera de publicitar un espectáculo consiste en decorar el espacio o área común como manera de avanzar un espectáculo o velada que se desarrollará ese mismo día o en una fecha concreta que se anuncia debidamente. Como es sabido, también se utiliza en épocas muy señaladas como Navidad.

El tema a elegir para la ambientación puede ser solo de un día, como Halloween o San Valentín, o extenderse más en el tiempo, como las vacaciones de verano. En el caso de la ambientación de un día especial, hay que tener claro que todas las actividades de ese día deben hacer referencia al tema de la celebración, aunque sea tangencialmente; en caso contrario, una de las funciones de esta técnica se perdería.

El objetivo de esta técnica es crear un ambiente determinado, que predisponga a los participantes potenciales a formar parte de aquello que se está publicitando. Es básicamente el mismo mecanismo que siguen los comerciantes cuando decoran sus escaparates y locales comerciales por San Valentín, Navidad, etc.

Por sus características, se llevará a cabo en hoteles y cruceros sobre todo, aunque también puede hacerse en otros espacios, como un colegio mayor.

Actividades

21. ¿En qué otros lugares, aparte de hoteles, cruceros y colegios mayores, considera que puede resultar adecuada la ambientación de zonas comunes? Tenga en cuenta todos los requisitos que se nombran.

Puede ser que el establecimiento donde se vaya a desarrollar la velada o el espectáculo tenga a alguien específico que se encargue de la ambientación. En ese caso, sería adecuado contactar con este personal para aunar criterios.

Decoración áreas comunes: fiesta hawaiana

Nota

En general, la decoración para ambientar debe ser retirada lo más pronto posible una vez acabada la actividad o día especial. Mantenerla más tiempo crea un efecto anticlimático contrario al objetivo de esta técnica.

En el caso de que los animadores sean los responsables de la ambientación, hay que tener en cuenta dos aspectos importantes:

- Se deben pedir los permisos pertinentes a la gerencia del hotel o del lugar que se vaya a decorar o al inmediato superior. Ellos se encargarán de indicar de qué materiales se dispone (si es una ambientación de Navidad es probable que tengan la decoración de años anteriores) y, en caso de que sea necesario, con qué presupuesto se cuenta.
- No hay que perder de vista que la zona es un espacio común, es decir, que no se puede recargar de adornos de manera que los visitantes no puedan caminar por ella o utilizarla con naturalidad. El objetivo es crear un ambiente cálido y agradable.

 Aplicación práctica

El crucero en el que trabaja como animador quiere decorar las zonas comunes para celebrar la Semana Santa. Como hay pasajeros de distintas nacionalidades, le piden que haga una ambientación de Pascua, para lo que dispone del siguiente material:

- Cartulina de colores.
- Papel charol y celofán.
- Pinturas varias (lápices, ceras, óleos).
- Tijeras.
- Pegamento.
- Encuadernadores.

Continúa en página siguiente >>

<< Viene de página anterior

Puede pedir algún material que considere a otros departamentos del barco como la cocina. ¿Qué decoración haría?

SOLUCIÓN

Como la temática es Pascua:

▌ Huevos decorados (se pedirían a la cocina).

▌ Conejos de pascua (con cartulinas y encuadernadores).

Continúa en página siguiente >>

<< Viene de página anterior

▎ Lazos de colores (para decorar las puertas y las mesas).

7.5. Anuncios

Según el Diccionario de la Lengua Española (DRAE), **anuncio** se define como "soporte visual o auditivo en que se transmite un mensaje publicitario".

En este caso concreto, se referiría a la publicidad que se hace a través de un soporte visual.

Es improbable que el equipo de animadores tenga que hacerse responsable de este tipo de actividad, aunque puede ser que sí deba asesorar a la empresa que realice la publicidad a través de anuncios.

Se distinguen dos tipos:

■ **Anuncios basados en cartelería:** es el concepto clásico de anuncio. Carteles de gran tamaño que se pegan en paredes y expositores. Contiene un dibujo que debe ser llamativo y a menudo una frase o eslogan que sea pegadizo. En él debe aparecer la misma información que en los folletos que se colocan en los expositores: tipo de espectáculo, horario, lugar de realización, edad recomendada, etc.

- **Anuncios en Internet y redes sociales:** cada vez hay más espectáculos de todo tipo con una fuerte presencia en Internet. En este caso, las opciones serían publicitar la velada en la página web del centro hotelero u entidad y darle difusión en las redes sociales, como *Facebook* y/o *Instagram.* De esa manera se garantiza una amplia difusión en muy poco tiempo.

Actividades

22. Diseñar un cartel para una fiesta de agua infantil para celebrar el fin del verano.
23. ¿Cómo lo publicitaría en Internet? ¿Usaría el mismo cartel?

Cartel publicitario

7.6. Caracterización y disfraces

Tanto si se usa como técnica publicitaria como en el desarrollo diario del trabajo del animador, la caracterización, el maquillaje y los disfraces son un elemento básico en cualquier proyecto genérico de animación.

El concepto es sencillo, consiste en que uno o varios animadores se disfracen y maquillen de personajes relacionados con la actividad o el espectáculo que se está publicitando. Se incorporaría a otras estrategias de publicidad como los expositores, la captación de grupos y la ambientación de áreas comunes.

Es muy eficaz con los niños, aunque si son muy pequeños y la caracterización es muy recargada pueden asustarse.

Uno de los ejemplos más clásicos de caracterización en fiestas infantiles navideñas

7.7. Frozen image

Es una técnica que consiste en que el animador, correspondientemente caracterizado, se coloca en un lugar estratégico para publicitar la velada o el espectáculo simulando ser una imagen fija, permaneciendo inmóvil.

 Nota

El animador caracterizado tiene que mantener la coherencia del personaje, sobre todo si los destinatarios son niños. Si el personaje es un pirata, debe hablar como tal, con giros literarios de novela de aventura, por ejemplo.

Es una técnica que suele verse en parques y plazas de las grandes ciudades, con personajes de cine o literatura que buscan llamar la atención de los transeúntes.

Como técnica publicitaria está bastante en desuso, ya que la interacción con el público potencial es mínima.

Ejemplo de frozen image

 **Actividades**

24. ¿Qué clase de caracterización se le ocurre para anunciar una feria del libro?
25. Dibújelo.

7.8. Gags

El gag es un recurso dramático breve que consiste en transmitir una idea humorística sin usar las palabras. Solo trata temas humorísticos y siempre es mudo.

Su origen está el cine mudo.

Es muy parecido al *sketch,* solo que este no tiene limitación de temas y puede ser hablado. De hecho, a menudo un *sketch* está formado por gags.

Tiene una gran complejidad, por lo que requiere de especialistas para llevarlo a cabo.

Si se utiliza como técnica publicitaria en la calle, puede dar la falsa imagen de que es improvisado.

Es muy atractivo y su público es universal. El único aspecto que hay que concretar es cómo hacer que al público le quede claro qué espectáculo o actividad se está publicitando.

7.9. *Radio station*

El método a través de la *radio station* consistiría en publicitar el espectáculo de animación a través de una cadena de radio. Se grabaría una cortinilla con una música divertida y un eslogan pegadizo que se emitiría en el horario o el programa que se consideraran más adecuados con el espectáculo publicitado. Lo habitual es hacerlo en un programa de música de actualidad, de los que emiten constantemente las canciones de las listas de éxitos entre los discos más vendidos.

 Nota

Tanto los gags como los frozen images deber realizarse por animadores con experiencia en estas técnicas, ya que tienen cierta dificultad y deber ser aprendidas y practicadas antes de hacerlas en público.

Este tipo de publicidad es responsabilidad de las empresas profesionales de *marketing*.

Es un reclamo publicitario especialmente dedicado al público adolescente y joven. Tiene el beneficio añadido de que cada vez más personas oyen los

programas a través de Internet gracias a la posibilidad de bajarse programas ya
emitidos, lo que redundaría en la difusión.

Actividades

26. Diseñar un eslogan para emitir por radio de una fiesta de fin de año para adultos.
27. Ahora, hacer lo mismo pero para niños.

Aplicación práctica

Imagine que su empresa de animación va a estrenar un espectáculo infantil para las vacaciones de Navidad. Habrá un mago, concursos navideños (comer polvorones, cantar villancicos al revés, etc.) y, al final, la visita del paje real para que los niños le entreguen sus cartas. Se va a realizar en un pequeño teatro en la cuidad. ¿Cómo y dónde lo publicitaría? ¿Por qué? Debe usar al menos tres elementos de los estudiados.

SOLUCIÓN

Serían válidos cualquiera de los formatos si se justifica la respuesta, pero los más adecuados serían:

I Un expositor en el hall del teatro con la información, a ser posible con una forma relacionada con Navidad (un árbol, por ejemplo).
I Anuncios de papel, cartelería cerca de los colegios y los parques.
I Animadores caracterizados como pajes reales (por ejemplo) haciendo publicidad a los niños y las familias en persona, en horario de tarde durante el periodo escolar y por la mañana durante las vacaciones en parques y centros comerciales.

8. Clasificación según la tipología del colectivo destinatario

Aunque pueden hacerse infinidad de clasificaciones según la tipología del colectivo, lo habitual es diferenciar a los participantes de cualquier velada o evento de animación en tres grandes grupos de edad:

- Adultos y mayores.
- *Teenagers* o adolescentes.
- Niños.

Hay que insistir en que más allá del grupo de edad hay que considerar las características de este, pudiendo ser un grupo más o menos heterogéneo y prestando especial atención a las personas con diversidad funcional, al pertenecer a un colectivo vulnerable.

8.1. Adultos y mayores

Como norma general, se consideran **adultos** a todos los participantes mayores de edad. Y **mayores** a los que superan los 65. No obstante, en la clasificación de adultos se debería distinguir a los adultos jóvenes como un grupo aparte.

También se debería considerar como grupo diferenciado el de los *singles,* grupos de solteros que cada vez más demandan un tipo de ocio específico. *A priori,* sería un grupo más participativo que la media de adultos.

Los adultos y mayores prefieren actividades cuya participación sea pasiva o compartida.

La ventaja con este grupo es que, en general, se pueden llevar a cabo las actividades tanto de mañana como de tarde o de noche.

Si el espectáculo es en un hotel u otro centro de ocio, en el caso concreto de parejas jóvenes, es conveniente averiguar si viajan con niños, ya que en ese caso se recomienda solicitar que la guardería o ludoteca infantil esté abierta y además sería buena idea tener un espectáculo paralelo para que los padres puedan dejarlos mientras acuden a la animación organizada.

8.2. *Teenagers*

Se consideran *teenagers* o adolescentes aquellos menores con edades comprendidas aproximadamente entre los doce/trece años hasta la mayoría de edad.

Es posiblemente el público más complicado con el que un animador puede trabajar.

En general, los adolescentes prefieren actividades por la noche, con horario de comienzo tarde y hora de finalización igualmente tarde. Hay que tener en cuenta que como público suele preferir actividades en las que el tipo de participación sea pasiva o compartida.

La música es recomendable en cualquier espectáculo, pero hay que conocer las edades de los participantes y asegurarse de que la música que se utiliza se corresponde con sus gustos. Una mala elección puede provocar una desmotivación generalizada.

Actividades al aire libre, en la medida que sea posible, serán bien recibidas.

Las actividades deportivas clásicas, como gimnasia o yoga por ejemplo, no suelen tener éxito en este grupo, pero sí suelen acudir a otro tipo de actividades más cercanas a los deportes de riesgo como la tirolina.

En cualquier caso, se recomienda organizar estas actividades en horario de tarde.

Las fiestas, los concursos, los *sketches* y las veladas pueden ser perfectamente adecuados para *teenagers,* no tanto los juegos de baile o *champange* y el cabaret.

Si se considera realizar un espectáculo mixto, es preferible realizar un musical, por ejemplo, antes que un cabaret.

Es importante no perder de vista la perspectiva de género en el caso de las actividades para jóvenes. Los espacios de ocio están aún muy determinados por los diferentes roles hombre/mujer y es importante tenerlo en cuenta para que todos los que acudan a la actividad se diviertan.

Otro aspecto a tener en cuenta es el uso de las nuevas tecnologías, muy adecuadas en el caso de los concursos, por ejemplo, en el que se pueden usar consolas para competir.

Nota

A la hora de diseñar actividades para adolescentes hay que tener en consideración el número de chicos y de chicas que hay, ya que en este periodo del desarrollo no suelen compartir las actividades de ocio.

Los adolescentes son un público al que hay que motivar, por lo que el animador debe realizar muy bien su trabajo. Debe intentar conocer de antemano las edades, ya que hay grandes diferencias entre un adolescente de doce años, casi un niño, a uno de quince, que se considerará prácticamente un adulto y probablemente esté menos dispuesto a participar en algunas actividades sospechosas de resultar infantiles.

Se debe evitar tratar a los participantes *teenagers* como a niños y también realizar los espectáculos junto a otras franjas de edad, sobre todo evitar realizarlos junto con adultos.

Actividades

28. ¿Cómo piensa que podrían incorporarse las nuevas tecnologías en las veladas de un hotel para adolescentes?
29. Poner un ejemplo.

8.3. Niños

A la hora de programar una animación o una velada con niños hay dos factores principales a considerar:

- **La edad de los niños:** los niños de diferentes edades tienen distintas características. Las diferencias entre edades corresponden sobre todo a la autonomía, el lenguaje y la atención. Un niño de 4 años puede mantener la atención un promedio de 20 minutos aproximadamente, lo que condiciona el desarrollo de la actividad que se quiera llevar a cabo. A menor edad, más difícil es la comunicación oral y es más probable que el niño se asuste o simplemente quiera irse con sus padres antes de que la actividad haya finalizado.
- **La seguridad:** tanto si la actividad que se va a realizar cuenta con la permanencia de los padres como si no, se debe garantizar que la zona de juego sea segura. Es tan sencillo como respetar unas reglas básicas:

  - Si se desarrolla en una piscina, que haya socorristas titulados presentes.
  - Si es al aire libre, que los niños estén organizados por grupos con suficientes animadores para que ninguno se pierda y todos estén bajo supervisión de un adulto. Normalmente, en espacios abiertos, se usa una media de un adulto responsable por cada dos o tres menores, dependiendo de la edad.
  - Si se va a jugar en la playa, deben llevar protector solar y se debe asegurar que haya agua disponible.
  - Si son pequeños, del rango de menores de 6 años, debe evitarse actividades donde haya que caminar demasiado o se realicen demasiado lejos del punto de encuentro con los padres.
  - Si es en un espacio cerrado, hay que asegurarse que no hay ningún elemento peligroso, enchufes rotos, escaleras, etc.
  - El espacio de juego debe estar bien aireado, tener suficiente luz, estar cerca de los baños, etc.

Los niños son, sin duda, el público más agradecido con el que se puede trabajar, pero requieren mayor preparación y demandan una atención añadida al desarrollo propio de la actividad.

Tanto si la actividad se desarrolla dentro de un espacio mayor de ocio (como un hotel) como si es una actividad puntual (fiesta de Navidad en una ludoteca), es imprescindible conocer las edades y el número de participantes que va a acudir con el mayor tiempo posible de antelación. Esto tiene como objetivo organizar el espectáculo de acuerdo con las necesidades de los niños según su edad:

- **Bebés y menores de tres años:** como se ha indicado antes, hasta los tres años un niño no tiene aún la capacidad de atención suficiente para disfrutar de una velada o un concurso. El desarrollo del lenguaje es variable en los niños, habiendo muchas posibilidades de que aún no se comuniquen correctamente. Muchos niños pueden seguir usando pañal incluso hasta los tres años, caminan aún erráticos, etc.; es por esto que la mayoría de hoteles y cruceros disponen de guarderías o ludotecas infantiles, donde quien atiende a los menores es un maestro de educación infantil, un técnico superior en educación infantil o un educador. Lo mismo ocurre con parques infantiles, ludotecas, etc. No es habitual tener que realizar espectáculos o veladas para niños tan pequeños.
- **Niños de tres años a seis:** a partir de los tres años la capacidad de atención mejora, los niños comienzan a ser autónomos, la capacidad verbal se desarrolla enormemente, el vocabulario aumenta, no llevan pañales, etc. Hay infinidad de espectáculos que se pueden llevar a cabo sin perder de vista la edad y las medidas de seguridad que ya se han comentado. Con esta edad, los niños son curiosos, inquietos e imaginativos, por lo que es necesario evitar la monotonía en las actividades. Se puede realizar un concurso de imitar animales, por ejemplo, después una entrega de premios y en medio algunos juegos locos.
La caracterización, los disfraces y la música son elementos que no se deben olvidar.
- **Niños de seis años a diez/once:** el nivel de atención es mayor en este grupo, pueden hacerse actividades más complejas. Son muy adecuadas las fiestas temáticas y las veladas que incluyan seguir pistas, realizar pruebas, resolver puzles y acertijos, etc. Con ellos se puede utilizar un espacio más amplio, tanto en interior como en exterior. Respecto a los concursos, son adecuados los que tienen algún componente deportivo. En general, la competición suele ser atractiva en esta edad, elemento que puede convertirse en cooperación si se considera adecuado.

Los niños a partir de los seis años responderán
muy bien a fiestas y veladas que incluyan
seguir pistas y resolver acertijos

Sabía que...

La adolescencia es un concepto moderno. Hasta finales del siglo XIX los niños pasaban directamente a la edad adulta, sin ninguna etapa intermedia.

No se recomiendan veladas nocturnas para niños. En el caso de la noche de Halloween o de una fiesta de fin de año, cuya ambientación se preste a un espectáculo de noche, se desarrollaría al atardecer.

Tampoco se recomiendan, como ya se indicó, por la temática, los espectáculos de cabaret.

Actividades

30. ¿Cómo realizaría una fiesta cuya temática fuera la búsqueda del tesoro, piratas, etc., para niños? Razone su respuesta.

En el caso del musical y el *sketch,* tanto si los actores son los niños como si solo son espectadores, debe siempre estar adaptado a su edad.

Se debe evitar mezclar niños de menos de seis con niños de más de siete u ocho, ya que los ritmos son distintos y puede ocurrir que o bien los más pequeños no entiendan la actividad o que los más mayores se aburran.

Como recomendación general, las veladas que se organicen con y para niños deben ser siempre más cortas que las diseñadas para adultos, teniendo como media de temporalización una hora como máximo de duración.

Un elemento a tener en cuenta es conocer si hay algún niño con una discapacidad física o intelectual o algún dato médico importante: un niño asmático, alérgico a la lactosa, etc.

Consejo

En las actividades con niños es aconsejable tener agua y vasos disponibles en el mismo lugar de la velada. También tener localizado el baño más cercano.

Si los padres no van a permanecer en la actividad, aunque estén cerca, es recomendable pedir que rellenen una autorización donde se indique una persona de contacto, un número de teléfono y si hay alguna característica del niño que se deba saber, como se ha comentado anteriormente. También que se indique si la persona que va a recoger al niño es distinta de la que lo ha traído y, si es así, su nombre y apellidos.

Hay que asegurarse de que los tutores tienen claro el horario de la actividad.

Seguidamente se muestra un ejemplo de una ficha para tutores:

Yo _____ (nombre del padre/madre o tutor)
autorizo a _____ (nombre del niño) a permanecer en
_____ (actividad)
Anoto teléfono de contacto: _____
Indico el nombre de la persona que va a recogerlo
(en caso que no sea la misma que lo ha traído):

_____
¿Hay algo que debamos saber de su hijo/a?

Aplicación práctica

La empresa para la que trabaja le pide que prepare una fiesta para celebrar el fin del crucero de cuya animación es responsable. Tiene quince parejas de las cuales diez tienen niños pequeños y las otras cinco adolescentes. La animación debe ser al menos de medio día de duración. ¿Cómo distribuiría a los participantes? ¿Qué grupos haría y qué actividades propondría?

Continúa en página siguiente >>

<< Viene de página anterior

SOLUCIÓN

Habría tres grupos:

I Adultos.
I Niños.
I Adolescentes.

Por el día se podría hacer: concurso para los niños y alguna actividad adaptada para los adultos, como un taller de cócteles.

Por la tarde se podría hacer: concursos para los adolescentes (karaoke, minidisco, etc.) y una fiesta de despedida para los niños.

Por la noche: una fiesta temática para los adolescentes, por ejemplo de piratas. Para los adultos una entrega de premios, seguida de una cena y después juegos de baile o champagne.

---

9. Diferentes tipos de veladas y espectáculos: tipo de show, forma de participación, desarrollo, puntuación, scripts

Las características que se usan para definir una velada o espectáculo son la forma de participación, el modo de puntuación, el *script* o guion y el propio desarrollo de cada una.

La forma de participación se refiere a si la persona que acude al evento lo hará de manera activa o pasiva.

El modo de puntuación consistiría en qué método se usa para que en los espectáculos que se basan en una competición los participantes voten a sus favoritos.

El *script* o guion sería la estructura básica sobre la que se desarrolla el espectáculo. Normalmente estaría compuesto de:

- Presentación.
- Actividad propiamente.
- Conclusión/despedida.

Finalmente, el desarrollo estaría formado por las propias características de cada velada.

9.1. Concursos

El concurso es un tipo de espectáculo de participación activa que consiste en juegos de distinto tipo donde se compite por un premio.

El primer paso una vez se ha concretado el tipo de espectáculo sería el publicitarlo. Dado que es un espectáculo que requiere participación activa del público, sería recomendable un tipo de publicidad dinámica, que se centrara en las características necesarias para participar y el premio. Por ejemplo, podrían usarse carteles y *radio station*.

Una vez se ha informado al público de los elementos básicos para que puedan participar (horario, tipo de concurso, edades, premio, etc.), hay que decidir dónde va a desarrollarse. Si se toma como ejemplo un concurso de baile, hay que disponer de una sala grande donde puedan bailar todas las parejas que se han inscrito y música, que puede ser en directo, grabada o una mezcla de ambas.

Hay que determinar los criterios de participación: ¿hay un número máximo de participantes?, ¿deben inscribirse previamente?, ¿se les va a proporcionar alguna acreditación?, etc. Siguiendo con el ejemplo del concurso de baile, sería distinto si el concurso se desarrolla entre los huéspedes de un hotel o si se organiza para recaudar fondos para una ONG.

Para determinar quién gana hay que decidir qué se puntúa y quién. Según el tipo de concurso y la finalidad que tenga puede ser más apropiado que el jurado sea profesional o que los propios participantes decidan quién merece ganar.

El desarrollo del concurso como evento de animación es simple: tras recibir a los participantes y explicar el desarrollo del concurso, indicando cómo se concursa y cuál es el premio, se pasa a concursar.

Luego habrá un espacio de tiempo para la deliberación en la que se debe amenizar a los participantes y espectadores para mantener el ambiente lúdico.

Finalmente se anunciarán los ganadores. Pueden entregarse los premios en ese momento o posponerse para una velada exclusiva para ello.

Las funciones del animador en este tipo de evento serían:

- Explicar el desarrollo.
- Cómo se participa.
- Cómo se puntúa.
- Cómo se gana.
- Cuál es premio.

Después de lo cual su función es la de cumplir las condiciones del juego y motivar a los participantes.

Finalmente, sería el encargado de la entrega de premios si la hay.

 Recuerde

En el caso de niños, puede ser recomendable a la hora de hacer elecciones que todos sean elegidos por algún aspecto positivo.

9.2. Musicales

Este musical sería un espectáculo de participación pasiva. Un grupo de cantantes y actores desarrollarán un espectáculo basado en elementos musicales mientras el público los observa sin interactuar con ellos (o con un grado de interacción mínima).

La mayoría de los musicales tiene una estructura semejante a una obra de teatro, de manera que comienza con una presentación de la historia y de los personajes. Luego sigue el desarrollo de la historia y finalmente hay un desenlace y conclusión final.

Puede tener una duración variada, un solo acto largo o estar dividido en partes más pequeñas.

En este caso, las funciones del animador dependerían de si el espectáculo es de producción propia o de si es un espectáculo que contrata el establecimiento de ocio, como por ejemplo si se es animador de un crucero o un hotel que oferta el espectáculo junto a otras actividades culturales o de ocio.

En cualquier caso, entre sus funciones estarían:

- Presentarlo o al menos dar paso a la velada.
- Quedarse como posible apoyo por si fuera necesario.

9.3. Elecciones

Las elecciones son un espectáculo de participación activa semejante en estructura al concurso.

Es un tipo de actividad que suele desarrollare en espacios de ocio cerrados donde las personas se conocen:

- Establecimientos hoteleros.
- Colegios/guarderías.
- Cruceros.

A diferencia del concurso, no es necesario que los candidatos demuestren sus habilidades previamente, sino que se pueden elegir por características más o menos subjetivas:

- El alumno más trabajador.
- El huésped más simpático.
- El monitor de campamento más madrugador.
- Etc.

En el caso de la animación en hoteles y espacios de ocio, prevalecen los rasgos eminentemente humorísticos.

Es habitual que los miembros del jurado sean todos los participantes, de manera que todos voten a todos. Y la participación suele ser general aunque puede organizarse de manera que se presenten candidatos para cada categoría concreta.

En el caso de las elecciones, el animador es responsable de:

- Explicar el desarrollo.
- Cómo se participa.
- Cómo se puntúa.
- Cómo se vota.
- A quién se vota.
- Cómo se gana.
- Cuál es el premio.

Después, su función es la de cumplir las condiciones del juego y motivar a los participantes.

9.4. Fiestas

La fiesta es por antonomasia un espectáculo de participación activa.

La forma de publicitar una fiesta va a depender del objetivo, de los participantes, del lugar de celebración, etc., Como norma general, se recomienda usar al menos dos elementos publicitarios distintos adaptados a la temática si la hay.

El desarrollo y el *script* va a depender de qué clase de fiesta sea. En general, debe tener:

- Una parte inicial que sirva de acogida y presentación.
- Un apartado para la comida, ya sea la cena o entremeses.
- Una parte central con otros espectáculos: juegos, música, etc.
- Una parte final que sirva como cierre de la velada.

La parte central puede contener otros espectáculos menores: gags, karaoke, juegos de entretiempo, etc.

Puede tener una temática concreta: la primavera, el cine de los años 80, etc., o tener un objetivo concreto: celebrar una graduación, dar la bienvenida a los nuevos miembros del colegio de abogados, etc. Esto determinará las funciones del animador, que si bien es una fiesta donde debe usar todas sus habilidades y capacidades para asegurar la diversión y la participación de los asistentes debe adaptarse a las características de cada una de ellas.

9.5. Entregas de premios

Las entregas de premios son un espectáculo de participación activa. Se suele realizar antes del espectáculo más importante de la noche.

Requiere de un tipo de publicidad más simple, ya que el interés de los participantes por recibir su premio suele ser suficiente motivación para que acudan.

Tiene una estructura simple en la que los premios pueden ser entregados por un animador o por alguien de la organización. Este aspecto se habrá acordado previamente en base a quién y cómo se ha realizado la elección de los ganadores.

Puede ser un espectáculo en el que se anuncien los destinatarios de los premios o donde ellos ya se conozcan previamente quién ha ganado y qué se ha ganado.

Suele acompañarse de música aunque no es imprescindible.

9.6. Juegos de baile o *champagne*

Los juegos de baile o *champagne* son un espectáculo de participación activa.

Como se explicó anteriormente, son juegos relacionados con bailar y dinamizar con música en los que tradicionalmente se ganaba una botella de *champagne*.

Son juegos sencillos, las instrucciones se explican sobre la marcha según se va cambiando de juego.

Normalmente son los mismos participantes los que deciden con aplausos, silbidos o abucheos quién gana cada prueba.

Se repite la misma organización que en el caso de otros de la misma clasificación:

- El animador explica las reglas del juego.
- Una vez ha comprobado que se han entendido, pone en marcha el juego y se asegura de que se cumplen las normas establecidas y de mantener a los participantes divertidos y motivados.

Es un tipo de espectáculo donde la música está totalmente al servicio de la animación.

9.7. Juegos minidisco

Los juegos minidisco son un espectáculo de participación activa.

Consisten en un tipo de espectáculo en el que la ambientación simula una discoteca. Se necesita: un equipo de sonido, un micrófono y un amplificador. También puede decorarse el espacio con bolas de luz y humo.

Aunque es un tipo de animación que puede adaptarse a cualquier edad, es muy recomendable para los niños.

Algunos de los juegos que se pueden hacer son:

- Pasando la banana.
- Figuras humanas.
- Globo volador.
- Baile con consignas.
- Baile de la escoba.

La fiesta puede hacerse temática eligiendo, por ejemplo, un tipo de música: fiesta años 60, *fiesta rock& roll,* etc., en cuyo caso se puede pedir a los participantes que acudan disfrazados según la ambientación.

Se repite la misma organización que en el caso anterior:

- El animador explica las reglas del juego.
- Una vez ha comprobado que se han entendido, pone en marcha el juego y se asegura de que se cumplen las normas establecidas y de mantener a los participantes divertidos y motivados.
- Si la fiesta es temática, es función de los animadores crear y mantener el ambiente, ir vestido según la temático, hablar como corresponda, etc.

9.8. *Sketches*

Los *sketches* pueden ser un espectáculo de participación activa si los preparan los clientes o pasiva si los hacen los animadores.

Un *sketch* puede estar compuesto por varios gags, normalmente humorísticos. En el caso de que los preparen los clientes, permite que haya mucha participación en un periodo breve de tiempo, lo que facilita que los participantes estén más relajados.

Dada la complejidad de este tipo de espectáculo, es habitual que los animadores dispongan de varios guiones ya elaborados para que los participantes elijan alguno.

También es habitual que los actores profesionales participen en los gags dando apoyo a los participantes *amateur*.

Se repite la misma organización que en el caso de otros de la misma clasificación como el cabaret:

- Tanto si es representado por los clientes como por los animadores, hay un gran trabajo previo al estreno del espectáculo.
- El animador debe tener claras las posibles funciones que se pueden desarrollar y asignarlas a los participantes de la manera más idónea.
- Es muy importante la función dinamizadora del animador durante el trabajo previo y en la propia función.

9.9. Cabaret de animadores y/o clientes

El cabaret de animadores es un espectáculo de participación pasiva y el de clientes de participación activa.

El desarrollo ya ha sido explicado en un apartado anterior. De manera concisa, es un espectáculo para adultos con una estructura formada por actuaciones o gags. Debe realizase por la noche ya que los contenidos son irónicos, transgresores y a menudo con cierto componente sexual en los comentarios y chistes, por lo que no se recomienda con adolescentes ni con niños.

En el caso del cabaret de clientes, normalmente se realizará en un establecimiento hotelero o en un espacio de ocio donde se publicite junto con otras actividades y los participantes puedan acudir los días previos para toda la preparación.

En el caso del cabaret de animadores, los clientes serán informados del día, las horas y el lugar del espectáculo al que acudirán sin mediar mayor interacción.

Nota

Existe multitud de técnicas para ayudar a actores novatos que se pueden utilizar en un espectáculo con clientes.

10. Clasificación según el tipo de participación requerida: activa, pasiva o compartida

Las diferencias de concepto entre los distintos tipos de participación son claras dependiendo de cuánto deben participar los espectadores y los animadores.

Por participación activa se entiende todo espectáculo en el que el espectador forma parte del desarrollo de la actividad, es un elemento más que interacciona con otros participantes y con los animadores.

Por participación pasiva se entiende aquel espectáculo en el que el espectador acude a disfrutar de un evento que desarrollan otros, sin que haya ninguna relación entre ellos más que la propia que dicta las reglas del espectáculo a la hora de aplaudir.

Y, finalmente, por participación compartida se considera cualquier evento en el que la responsabilidad de la actividad no recaiga enteramente en los animadores o los profesionales del espectáculo ni tampoco en los participantes. Estos eventos son resultado de la combinación de elementos *amateur* y profesionales.

En cada tipo de espectáculo la función del animador será diferente.

Si bien la actitud del animador debe siempre ser alegre, creativa y dinámica, es en los espectáculos de participación activa donde el papel que desempeña es básico. Si no se consigue el ambiente adecuado, la actividad puede no desarrollarse según lo planificado.

10.1. Veladas y espectáculos participativos

Los espectáculos de participación activa, en general, son recomendables para niños, adolescentes y adultos jóvenes.

 Sabía que...

Usar veladas o fiestas temáticas relacionadas con personajes de cuentos puede ser una buena manera de incentivar la lectura en los niños.

Indicaciones generales, concursos, elecciones, fiestas, juegos de baile o *champagne* y cabarets de clientes

Como se ha indicado anteriormente, estos espectáculos requieren de un equipo de animadores motivados y con capacidad de dinamizar a cualquier tipo de grupo.

Concursos

Hay grandes diferencias en los concursos según la edad de los participantes, cómo se compite, etc., pero, en general, los juegos o eventos que impliquen cierto grado de competición suelen ser sencillos de dinamizar, ya que el instinto de ganar está presente en la mayoría de las personas. Si se realizan por grupos hay que intentar que estén equilibrados en cuanto a las habilidades que se necesitan para ganar, pues ha de asegurarse la diversión a todos los participantes.

El animador es, en una primera fase, el encargado de explicar las condiciones de la competición:

- Cómo se participa.
- Quién puede participar.

- Quién y cómo se puntúa.
- Cuál es el premio.

Después, su función será la de asegurarse de que se cumplen las normas y de que los participantes disfrutan del juego.

Es importante que el animador sepa crear un ambiente distendido donde lo importante sea la diversión y la interacción con otros compañeros más que el premio en sí mismo.

Elecciones

Tendría una estructura semejante al concurso, de manera que los participantes o el jurado habilitado para ello elijan de entre los concursantes los ganadores. Hay dos grandes diferencias:

- Que no es necesario competir previamente a las votaciones en ninguna actividad.
- Que estas elecciones, sobre todo cuando tienen un carácter únicamente lúdico, son temáticas.

Lo habitual es elegir a *miss* y míster crucero, por ejemplo, a la mejor pareja de baile, etc.

Fiestas

Se ha repetido varias veces que la fiesta es el espectáculo de animación por antonomasia y es donde el animador debe esforzarse por mostrar sus habilidades para conseguir un ambiente relajado, lúdico, divertido y participativo.

Una fiesta pierde su objetivo si los participantes están tristes, pasivos o no interaccionan entre ellos.

En este tipo de evento, la función del animador es doble:

- **Antes de fiesta:** debe asegurarse que la temática es la adecuada al momento que se celebra y al público que va a participar con todas sus características. Tiene que elegir a ambientación, si hay disfraces o no, la música, etc.

- **Durante la fiesta:** mantener la motivación de los participantes durante toda la fiesta. Fomentar la diversión y la interacción entre ellos. Debe ser observador y ser capaz de corregir posibles errores de la programación sobre la marcha que puedan estar afectando al ambiente de la fiesta.

Juegos de baile o *champagne*

Son juegos sencillos que tienen como base la música. Los destinatarios suelen ser adultos y personas mayores.

Aunque requieren una menor preparación, como ya se ha comentado, necesitan a los animadores con altas dosis de actitud motivadora durante su ejecución.

Para el desarrollo de este tipo de juegos se requiere que el ritmo de la actividad sea rápido, cambiando cada poco tiempo de juego.

Dado que las instrucciones de los juegos son sencillas, seguir este ritmo de juego no debe de ser difícil; aun así, es importante que el animador lleve el control sobre los grupos o las parejas y sepa detectar si el desarrollo de los juegos es el adecuado para el disfrute de todos los participantes.

Sin duda, es muy importante la música: que sea acorde para los juegos, que se oiga bien, que suene cuando debe sonar, etc.

Cabaret de clientes

El cabaret de clientes, al igual que la fiesta, requiere de una gran preparación previa al espectáculo en sí; aunque a diferencia de esta, el animador debe mantener la motivación de los participantes durante todo el proceso desde que se comienza a preparar el cabaret hasta que se representa.

El animador es responsable de:

- Evitar el cansancio.
- Fomentar y mantener la asistencia a los ensayos.
- Repartir los gags o actuaciones adecuadamente.
- Mantener la diversión.

En general, los animadores asumen una serie de funciones diversas, menos específicas que en otros espectáculos y algo más alejadas de la interacción directa con los participantes:

- Coordinación del espectáculo.
- Dirección del espectáculo.
- Colaboración en escena entre animadores y clientes.

 Actividades

31. ¿Por qué cree que el papel del animador es básico en veladas que requieren la participación de los asistentes?
32. ¿Qué haría para mejorar la participación del público? Razone su respuesta.

10.2. Veladas y espectáculos contemplativos

Las veladas y espectáculos contemplativos son actuaciones normalmente muy especializadas que los establecimientos hoteleros contratan por un tiempo limitado dentro de la oferta de ocio.

A menudo cambian según sea la temporada de verano o invierno.

Los espectáculos de participación pasiva son adecuados para adultos, tercera edad y niños pequeños. En el caso de los adolescentes habrá que tener en cuenta otros factores como el horario.

Indicaciones generales

En el caso de los espectáculos contemplativos, hay que resaltar que papel del animador en este caso pasa a un segundo lugar, sobre todo si el *show* es externo. Puede que su función quede reducida a la de presentar el espectáculo y solventar las posibles dudas que pudieran surgir entre los espectadores.

Puede ser que el espectáculo lo lleven a cabo animadores de la empresa a los que se les pide que realicen una actividad en concreto o que se contrate a una persona o grupo de personas ajenas a la empresa para realizar la actividad.

No habría apenas interacción con el público.

Cabarets y *sketches* de animadores

En ambos espectáculos los asistentes a la velada tendrán un comportamiento pasivo. Los animadores desarrollarán el espectáculo en su totalidad pero sin interaccionar con el público más que de manera puntual y si lo requiere así el guion.

La preparación previa, el diseño del espectáculo, el reparto de actividades, los ensayos se han realizado previamente al anuncio de la actividad y de manera independiente por los animadores.

Puede ser que al ser un espectáculo ya existente haya que adaptarlo a las características de los asistentes o puede ser que se diseñe específicamente para un grupo concreto.

Esto sería más fácil en el caso de los *sketches.*

***Shows* externos y musicales**

Los *shows* externos suelen ser espectáculos muy específicos que los hoteles y otros establecimientos turísticos contratan. Los más habituales son:

- Magos.
- Payasos.
- Cantantes.
- Grupos musicales.

Los musicales serían un tipo de *show* externo.

A menudo se programa la actuación durante toda la temporada y así se oferta al público.

La función del animador será meramente de auxiliar. No habrá ninguna interacción con el público de manera estas actividades y las organizadas por los animadores conforman la oferta lúdica del establecimiento.

Producciones mixtas

Son aquellas producciones en las que animadores y clientes trabajan juntos. Son los llamados **espectáculos de participación compartida.** Como actividad, pueden adaptarse prácticamente —siempre que la temática lo permita— a todos los tipos de colaboradores. Para ello los animadores deben crear un adecuado ambiente motivador y divertido entre los participantes.

No todos los espectáculos se pueden desarrollar de manera mixta, hay una serie de aspectos que hay que tener en cuenta para elegir:

- Temática.
- Edad de los participantes.
- Número de participantes.
- Habilidades necesarias.
- Experiencia previa.
- Capacidad de improvisación.
- Espontaneidad, extroversión.

Sabía que...

Algunos espectáculos con clientes cuentan con actores profesionales que ayudan a los animadores a dar forma a los espectáculos.

10.3. Clasificación según su relación con la animación diurna: mañanas, tardes y días especiales

Las actividades que se realizan por la mañana están condicionadas por la distribución en la intensidad de los espectáculos, que deja los de mayor peso para la noche.

No serían recomendables actividades como las elecciones o la entrega de premios por tener aquello de que se premia o se vota alejado en el tiempo.

Los espectáculos que más se adecuarían al horario de mañana serían: fiestas, concursos y actividades mixtas.

En general, serían recomendables actividades de participación pasiva o mixta.

La tarde sería un momento para actividades compuestas, que comienzan con una entrega de premios, por ejemplo.

Aquí tendrían cabida espectáculos de mayor intensidad y los que requieren de una mayor ambientación o ensayos.

Estos serían: algunos tipos de fiesta, cabarets, musicales, *shows* externos, juegos de baile o *champagne,* etc.

Para la tarde serían adecuados los eventos de participación mixta y también lo de participación activa, especialmente en el caso de los niños.

En el caso de los días especiales, como la celebración del solsticio de verano o San Juan, por ejemplo, consistiría en un día en el que todas las actividades programadas harían referencia a la temática a la que se ha elegido dedicar la animación. Todo ello iría unido a la ambientación correspondiente. En este caso, siguiendo las recomendaciones por edad, sería adecuado intercalar actividades de diferente tipo de participación, acabando la noche con eventos donde predomine la participación activa.

 Aplicación práctica

Imagine que trabaja en un crucero en el que le piden que, con motivo del día de los Inocentes y tras decidir ambientar las zona con muñecos de papel y caretas divertidas, rediseñe las actividades que ya se ofertan para que no desentonen con la decoración. Las actividades deben ser humorísticas.

Los talleres son:

I Repostería.
I Cócteles.
I Concurso de talentos.
I Gags.

¿Cómo los adaptaría para que encajaran con el día de los Inocentes?

SOLUCIÓN

En el caso del taller de repostería, haría un taller de tartas divertidas, galletas con forma de monigote, etc., podría rellenarlas de picante en vez de chocolate o con guindilla.

En el caso de los cócteles, haría versiones nuevas de cócteles clásicos con nombres divertidos.

Concurso de talentos: concurso de chistes y anécdotas.

Gags: les propondría a los participantes que representaran sin hablar diferentes "inocentadas".

Aplicación práctica

Comienza a trabajar en un hotel en el que es responsable de la animación. Le indican que ha llegado un grupo de adultos que es especialmente pasivo y al que le cuesta relacionarse entre sí y le piden que diseñe las veladas de la noche del viernes y el domingo. ¿Qué dos espectáculos elegiría para este grupo? ¿Qué funciones cree que deberían asumir los animadores?

SOLUCIÓN

Dado que el espectáculo es nocturno, el grupo es adulto pero poco participativo, elegiría para la primera noche un espectáculo de participación pasiva, como un musical, por ejemplo, o un cabaret de animadores.

La segunda noche, tras haber realizado un buen trabajo de motivación la noche previa, se podría realizar o bien otro espectáculo de participación pasiva o uno de participación activa pero con juegos sencillos, como los juegos de baile o *champagne*.

Los animadores deber estar atentos a los participantes, motivarlos, organizarlos tal manera que se consiga un ambiente alegre y festivo.

Deben revisar lo adecuado de los juegos, el equilibrio en los grupos y la música.

11. Resumen

Diseñar y llevar a cabo un espectáculo en concreto o cualquier actividad de animación requiere, además de las habilidades propias de un animador: alegría, empatía, capacidad de motivar, imaginación y creatividad, etc., conocer una serie de elementos que unidos interaccionan y conforman cualquier evento.

Es fundamental conocer aspectos como la edad de los participantes, el espacio del que se dispone o la temporalización para que, a partir de las características de los usuarios, las demandas del establecimiento turístico y la propia idiosincrasia del proyecto de animación de referencia, sea posible concretar un espectáculo que se adecue perfectamente a lo que se demanda.

La aproximación a conceptos teóricos como los objetivos o la temporalización sirven de base para una buena programación y un registro de actividades que sea completo y operativo.

La aproximación a los principales eventos y a sus características definitorias da pie a una clasificación en base al tipo de participación, la edad y la temporalización como actividad diurna.

Hay que garantizar que la actividad sea accesible para todas las personas que acuden a ella. Por ello, hay que concretar en todas las fases de su diseño las adaptaciones, modificaciones y correcciones necesarias para que este criterio fundamental se cumpla.

Finalmente, un recorrido por los métodos de publicitar los eventos ofrece una idea general del modo en que se utilizan estos elementos en el campo de la animación.

Ejercicios de repaso y autoevaluación

1. **De las siguientes afirmaciones, indique cuál es verdadera o falsa.**

   a. El horario más adecuado para una actividad con niños es por la noche.

      ☐ Verdadero
      ☐ Falso

   b. La ambientación no es necesaria en las fiestas temáticas.

      ☐ Verdadero
      ☐ Falso

   c. Los gags son ejercicios dramáticos complicados, por lo que deben realizarlos monitores con experiencia.

      ☐ Verdadero
      ☐ Falso

   d. El expositor es la técnica más básica de publicidad.

      ☐ Verdadero
      ☐ Falso

2. **¿Cuál de estas afirmaciones es incorrecta?**

   a. Los objetivos específicos concretan el contenido los objetivos generales, son más específicos. Deben servir de guía para el desarrollo de la actividad.
   b. Los objetivos se expresan en pasado.
   c. Puede que, según las características de la actividad, resulte útil concretar objetivos a medio y largo plazo.
   d. Ninguna de las respuestas anteriores es correcta.

3. **Sopa de letras: busque diferentes tipos de elementos para la programación. A continuación descríbalos.**

J	U	E	G	O	S	L	O	C	O	S
A	N	Y	E	H	C	T	E	K	S	P
Y	I	I	Y	O	P	E	R	L	R	U
D	A	G	H	J	K	L	Ñ	Z	U	M
B	N	M	L	I	O	O	T	Y	C	V
M	U	S	I	C	A	L	N	A	N	O
U	I	E	B	M	L	M	L	U	O	U
S	Y	U	I	O	N	M	O	P	C	U

_____

_____

_____

_____

4. **¿Es necesario conocer las edades de los niños de una actividad antes de programarla?**

_____

_____

_____

_____

_____

_____

_____

5. **La parte central en la estructura de una velada sería:**

a. Acogida.
b. Desenlace.
c. Desarrollo.
d. Explicación.

6. **Complete la siguiente definición.**

Por anuncio se entiende aquel _____

_____.

7. **Relacione los siguientes elementos:**

   a. Expositor.
   b. Cabaret de clientes.
   c. Edad de los participantes.
   d. Puntualidad de los animadores.

   __ Criterio de evaluación.
   __ Juego participación activa.
   __ Método publicitario.
   __ Criterio de temporalización.

8. **¿A qué proceso se refiere cuando se habla de "el proceso por el cual se concretan las posibles actividades que van a realizarse, la temporalización, el personal humano y todos los aspectos necesarios para el correcto desarrollo de las animaciones, incluyendo los objetivos y la metodología de evaluación"?**

   _____

   _____

9. **Indique cuál de estos criterios de evaluación corresponden al apartado de personal, material o actividad.**

   a. ¿Ha sido adecuada para los destinatarios? _____
   b. ¿Ha realizado correctamente sus funciones?: _____
   c. ¿Ha llegado puntual?: _____
   d. ¿Estaba preparado con antelación?: _____
   e. ¿Ha sido necesario cambiar algo?: _____
   f. ¿Era adecuado para la actividad/edades/lugar?: _____

10. ¿Cuál son las dos funciones de la publicidad en el ámbito de la animación de eventos?

_____
_____
_____
_____

11. Responda a las siguientes preguntas.

a. ¿Qué nombre recibe el recurso dramático breve que consiste en transmitir una idea humorística sin usar las palabras?

_____
_____

b. ¿Qué nombre recibe el método de publicitar actividades en el que el animador se acerca personalmente al público que considera puede estar interesado en el espectáculo para darle información sobre él?

_____
_____

12. Indique si el tipo de actividad pertenece a la modalidad de participación activa, pasiva o compartida.

a. Cabarets de clientes: _____
b. *Show* externo: _____
c. Concursos: _____
d. Elecciones: _____
e. Musicales: _____
f. Fiesta: _____

13. ¿Qué espectáculo sería más apropiado para la mañana? ¿Y para la tarde?

_____
_____
_____
_____

14. **En el caso de un concurso, ¿cuáles son las funciones del animador? Indique las que faltan.**

   ▪ Explicar el desarrollo.
   ▪ Cómo se puntúa.

   _____

   _____

15. **Complete el siguiente texto.**

   Una buena _____ es básica para conocer _____ puede pasar en qué _____ y ser capaz de _____
   o bien _____ sobre la marcha y poder _____ con el
   _____

Capítulo 2

Organización de veladas y espectáculos con fines de animación

Contenido

1. Introducción

Cualquier proyecto de animación de calidad es sustentado en su desarrollo por la profesionalidad de los animadores, la calidad de la gestión de los materiales y la idoneidad del espacio.

El ritmo y la motivación de un evento están directamente relacionados con la capacidad del animador de dinamizar a los participantes, de manera que el espectáculo más divertido puede convertirse en algo aburrido si el público no responde adecuadamente y los animadores no son capaces de divertir.

No se puede olvidar la organización del evento: una correcta asignación de roles, contar con tiempo suficiente para organizar el espectáculo y seguir las instrucciones de un guion bien ensayado son elementos básicos para que el resultado sea del todo satisfactorio.

2. Gestión de la disponibilidad y la idoneidad de los recursos humanos y materiales

Una vez que se dispone de información suficiente sobre qué actividad hay que llevar a cabo (destinatarios, lugar, tipo de evento, temática, etc.), comienza una segunda parte en la que se ha de pasar de la teoría a la práctica. Es en este momento cuando el animador debe conseguir los recursos materiales y humanos adecuados para convertir el proyecto de animación que se ha diseñado y programado en una actividad rea .

2.1. Secuencia de acciones organizativas

Una vez que se ha concretado la programación, ya sea semanal, mensual o trimestral, hay tres elementos básicos que hay que comenzar a perfilar:

- **El espacio o espacios que se van a necesitar:** el espacio es el primer elemento que hay que confirmar, pues si el lugar que se adecua a las necesidades no está disponible habría que adaptar las características de la actividad programada o bien cambiar el horario o la fecha para cuando esté disponible.

- **Los recursos humanos:** ¿cuántos animadores son necesarios para el correcto desarrollo de la actividad? Y, ¿qué características y funciones deben tener? Es el segundo elemento que se debe organizar.
- **Los materiales:** son el último elemento a organizar pero no por ello el menos importante. Hay que decidir qué materiales se necesitan por persona y calcular el total. Debe revisarse la disponibilidad del material según esté recogido en el inventario por si fuera necesario adquirir material nuevo. Otro factor a tener en cuenta son las características del material, que debe estar adaptado en caso de ser una actividad con niños o con personas con algún tipo de discapacidad. Finalmente hay que organizar dónde se va a guardar el material durante el evento, de manera que esté disponible para los animadores.

Tanto a la hora de decidir el espacio, los recursos humanos, como los materiales hay tener una perspectiva transversalmente inclusiva, siendo consciente de las posibles necesidades de las personas que acudan a la actividad y la necesidad de garantizar que todas ellas puedan participar y disfrutar de ellas.

Hay que plantear cuestiones como: si el espacio es accesible, si hay baños con cambiador y/o adaptados o si se dispone de personal que tenga formación específica en personas con discapacidad o que dominen la lengua de signos, por ejemplo.

2.2. Trámites y acciones de gestión para la disponibilidad de espacios y recursos de desarrollo de veladas y espectáculos con fines de animación

La actividad a desarrollar puede estar enclavada en tres tipos genéricos de espacio:

- Local propio de la entidad (empresa de animación, asociación, etc.).
- Espacio reservado por la entidad que ha contratado la animación.
- Espacio público.

Si el evento se va a desarrollar en un local propio de la entidad para la que se trabaja, lo habitual es que exista una persona responsable de comprobar si la sala que se quiere usar está disponible para cuando se necesita y de registrar en un cuadrante de trabajo (digital o en papel) cuándo va a estar cada sala ocupada y por cuánto tiempo.

Si el espacio pertenece a la entidad que nos ha contratado, el procedimiento consiste en que el coordinador del evento de animación hable con el responsable del establecimiento hotelero y le indique qué características debe tener el espacio para poder desarrollar correctamente la actividad. El responsable le indicará quién es, en cada caso, la persona encargada de reservar este espacio.

Este procedimiento es aplicable no solo a la gestión del espacio sino también a la de otros recursos como los aparatos de música, la iluminación, los micrófonos, etc.

En el caso de que vaya que realizar cualquier tipo de animación en un espacio público, hay que solicitar los permisos pertinentes a las autoridades:

Primero hay que solicitar que autoricen el evento en un espacio público. Aunque la normativa varía según la comunidad, esto se suele realizar a través de un escrito en la subdelegación de gobierno. En él se explica de manera somera quién realiza la solicitud, lo que se va a hacer, los motivos, el tiempo de duración, el lugar y el número de participantes.

Una vez que se ha concedido el permiso, si se necesitan otros elementos como vallas que delimiten una zona, policía local presente en el evento, música ambiente, micrófonos, etc., hay que solicitarlo también por separado. Habitualmente es la policía local la que gestiona estas peticiones, pero se insiste en la necesidad de confirmar este dato en cada comunidad autónoma y ciudad en concreto.

Animación en la calle, para la que habría
que solicitar permisos (© Fotografía:
Dennis Brown, vía web-CC BY-SA 3.0)

Como modelo general, a la hora de redactar una solicitud de permiso habría
que indicar en el escrito:

- Nombre y NIF de la entidad y del representante legal o responsable de
  la actividad.
- Indicar a quién se dirige el escrito, el nombre concreto de la persona si
  se conoce o el del organismo.
- Lo que se solicita, expresado de manera clara y escueta.
- El lugar, la hora y la duración.
- Datos de contacto: persona de contacto, teléfono, *e-mail* y dirección
  postal de la entidad solicitante.

Se entregarán dos copias de manera que una de ellas sea sellada y se quede
en propiedad de la entidad.

 Nota

Cada vez más empresas hoteleras tienen informatizado el registro de actividades, lo que
facilita la rapidez en la gestión.

Actividades

1. Redactar un documento para solicitar al ayuntamiento de su cuidad el permiso para realizar un espectáculo de marionetas para una animación a la lectura en un parque público.
2. Redactar también una petición para solicitar a la policía que valle parte del parque.

2.3. Entidades y organizaciones tipo relacionadas con este tipo de actividades

Dependiendo del tipo de evento se trabaja con entidades colaboradoras de muy distinto tipo. En general, es habitual que una empresa o asociación relacionada con el ámbito de la animación trabaje con:

- Proveedores de música y sonido.
- Proveedores de comida.
- Proveedores de especialistas (magos, cantantes) y sus representantes.
- Centros de estudio.
- Proveedores de material específico (disfraces, maquillaje, máquinas de humo, material para hacer malabares, etc.).
- Entidades sin ánimo de lucro.
- Empresas de publicidad y relaciones públicas.
- Empresas de decoración.
- Empresas dedicadas a la escenografía.
- Premios. Diseños y venta de premios.

Cuando una entidad comienza su andadura especializada en animación, es normal que contacte con distintos proveedores de su zona y que, poco a poco, según sus necesidades y la relación que vaya estableciendo con cada uno de ellos, acabe teniendo unos proveedores de confianza que le proporcionen el material que necesita, de la calidad correcta, que cumplan los plazos establecidos, etc.

Los proveedores de especialistas pueden ser otras empresas de animación que se han especializado en un tipo concreto de espectáculo o tipo de animación. También se puede recurrir a representantes de artistas.

Los proveedores de material específico son un tipo de empresa colaboradora necesaria y a veces difícil de localizar, sobre todo en ciudades pequeñas. Gracias a la venta *online* esta situación ha mejorado mucho ya que Internet permite el acceso a diferente tipo de material de casi cualquier parte del mundo.

A veces, estas mismas empresas son las que proporcionan también la decoración y el material para la escenografía.

Las empresas de publicidad se retroalimentan de profesionales de la animación, ya que a menudo estos participan en sus campañas y, a la vez, estas empresas publicitan eventos de animación.

Es importante establecer y mantener una buena relación con otras entidades del sector.

Dado que existen varios ciclos formativos, cursos y algunas áreas de la formación universitaria relacionados con la animación, a menudo los centros de formación se dirigen a las entidades de animación para concertar la posibilidad de que sus alumnos hagan prácticas en ellos.

 Nota

Un taller original puede ser diseñar una serie de premios con materiales reciclados y repartirlos después entre los participantes.

2.4. Criterios para la valoración de la idoneidad

Valorar la idoneidad de los elementos de la animación consiste en valorar si se ajustan a las necesidades y características concretas de la actividad que se va a realizar.

Los tres elementos genéricos serían:

- El espacio o espacios que se van a necesitar.
- Los recursos humanos.
- Los materiales.

Criterios para valorar el espacio

Habría que plantearse los siguientes aspectos:

- ¿Cumple con los requisitos imprescindibles? Por ejemplo, si la actividad consiste en una batalla con globos de agua no sería adecuado realizarla en una habitación con moqueta pero sí en el exterior en un patio o una zona con césped.
- ¿Tiene el tamaño adecuado? Un espacio demasiado pequeño no sirve para un gran número de personas, pero una zona de juego demasiado grande puede no ser adecuada para actividades con niños pequeños, por ejemplo.
- ¿Dispone de los elementos necesarios para el correcto desarrollo del espectáculo? Asegurarse de que dispone de enchufes, escenario, conexión a Internet, baños adaptados a personas con movilidad reducida o cualquier elemento que se haya programado. En caso de que no disponga de algún elemento se debe valorar si es posible añadirlo; por ejemplo, si se necesita un equipo de música y la sala no dispone de ella pero sí de enchufes suficientes para poder conectar uno.
- ¿Está disponible el tiempo que se necesita? Tanto si el espacio es propio como externo hay que realizar los trámites necesarios para asegurar que estará libre cuando se necesita.

Actividades

3. Indicar si serían correctas las siguientes opciones propuestas:

- Realizar actividades en la playa con participantes con movilidad reducida de la tercera edad.
- Juegos con música en un parque.
- Fiesta de la primavera para 30 adultos en un salón de hotel con capacidad para 50.
- Si no lo son, proponer una alternativa más adecuada.

Nota

Aunque nos confirmen las características del espacio que vamos a usar por teléfono, e-mail, etc., siempre es recomendable verlo personalmente antes de dar el visto bueno.

Criterios para valorar la idoneidad de los recursos humanos

En este apartado habría dos criterios separados que se tendrían que considerar: por un lado, ¿cuáles son las habilidades básicas imprescindibles para ser animador?, y por otro, ¿qué habilidades y conocimientos se necesitan para una actividad en concreto?

Una persona que quiera dedicarse a la animación debe tener todas o la mayoría de estas habilidades personales:

- Adaptabilidad.
- Creatividad.
- Actitud alegre, humor.
- Capacidad de trabajar en equipo y cooperación.
- Iniciativa.

- Capacidad de escucha activa.
- Empatía.
- Capacidad para adaptarse a lo inesperado.
- Paciencia.
- Ser metódico en el trabajo.

Son características de personalidad que pueden mejorar con la experiencia y la formación, pero que difícilmente pueden adquirirse si no se tienen de manera innata.

Por sus características concretas, el trabajo del animador requiere una actualización de los conocimientos permanente.

Por otro lado, además de las capacidades que se les suponen a todas las personas que trabajan como animadores y de los conocimientos que se pueden adquirir a través de la experiencia y el estudio, en la plantilla de animadores habrá personas con aptitudes especiales para la música, para el humor, para el trato con personas de la tercera edad, etc. Estas son habilidades a tener en cuenta a la hora de asignar qué animadores harán qué cosas en cada espectáculo.

Si, por ejemplo, entre los animadores que conforman la plantilla de un hotel hay algunos con especial habilidad musical, lo lógico será elegirlos para desarrollar eventos musicales, igualmente con un animador con especial habilidad para el humor y los gags.

Otros criterios para valorar la idoneidad serían:

- La experiencia en el puesto.
- La formación.

Actividades

4. Indicar al menos cuatro tipo de habilidades que debería tener un animador que se especialice en la tercera edad.

Continúa en página siguiente >>

<< Viene de página anterior

5. Indicar al menos cuatro habilidades que debería tener un animador que se especialice en adolescentes.

Criterios para valorar los materiales

En el caso de la idoneidad de los materiales hay que comprobar si:

- ¿Son adecuados?
- ¿Son suficientes?
- ¿Son seguros?
- ¿Están adaptados?
- ¿Requieren de alguna indicación de seguridad especial?
- ¿Están listos para su uso?
- ¿Están disponibles en la fecha y el horario en el que se necesitan?

Un último aspecto que no se debe olvidar a la hora de valorar la idoneidad de los recursos es, como se trató en el capítulo anterior, la evaluación.

Si es posible, debería haber algún tipo de evaluación durante la actividad, aunque consista únicamente en un registro observacional. La que no puede obviarse es la evaluación final, donde debe revisarse si se han cumplido los objetivos que se marcaron y donde una parte importante es valorar si la elección del espacio, los materiales y los animadores ha sido la correcta.

Se finalizaría con una revisión de los errores cometidos y sus correspondientes propuestas de mejora.

Actividades

6. ¿Qué actuaciones se le ocurren que pueden necesitar mejoras al evaluar la idoneidad de un animador?
7. Poner al menos tres ejemplos y razonarlos.

2.5. Pautas para asegurar la disponibilidad de los recursos humanos y materiales

Es fundamental que los recursos humanos y materiales se encuentren disponibles en el momento en que se ha programado. Normalmente, esta es una función del coordinador de la actividad, que debe considerar diferentes factores:

- **Tiempo:** una buena programación trimestral o mensual permite organizar el uso y la distribución de los materiales con tiempo suficiente.
- **Programación y organización:** la programación de la entidad debe hacerse de la manera que resulte más operativa posible; si una programación trimestral supone anticipar demasiadas gestiones, se debe proponer otro tipo: mensual, semanal, etc.
- **Buena relación con los proveedores:** unos proveedores de confianza, responsables en las entregas y con calidad asegurada en sus productos facilitan enormemente el trabajo del coordinador en este aspecto de la organización del evento.
- **Ajustarse al presupuesto:** el coordinador debe tener claro en todo momento cuál es el presupuesto de que dispone y elegir los recursos en base a él.
- **Bolsa de animadores con buena preparación:** en recomendable disponer de un número de animadores suficientes para cubrir los eventos que estén programados, con la formación necesaria para asumir las funciones que se necesiten y teniendo en cuenta que puede haber bajas por enfermedad, problemas familiares, etc., y que deben ser cubiertas sin que la calidad del espectáculo se vea afectada.

■ **Formación continua:** tanto si se trata de una empresa de animación como de una asociación, la formación continua en una actividad que se relaciona con tantas artes y habilidades distintas como la animación es imprescindible.

Nota

Estos dos últimos factores (formación continua y animadores con buena preparación) estarían relacionados con una buena evaluación de las actividades, donde se detectan las fortalezas de los animadores para poder aprovecharlas y las debilidades para poder corregirlas.

3. Criterios para la adaptación de materiales y la adecuación de espacios e instalaciones a usuarios con limitaciones en el ámbito de su autonomía personal

Es habitual encontrar participantes de las actividades con limitaciones en el ámbito de su autonomía personal, ya sea por algún tipo de discapacidad, por una enfermedad o por el deterioro causado por la edad.

Es obligación del animador conseguir que estas personas formen parte del grupo como un miembro más y que disfruten de la actividad de la misma manera. Para ello es esencial conocer qué clase de limitaciones tienen y cómo ayudar a que se desenvuelvan de la mejor manera.

Hay dos aspectos a considerar:

■ La adecuación del espacio.
■ Los materiales.

Cualquier establecimiento turístico-hotelero y la mayoría de los edificios de servicios ya cuentan con accesos para personas con movilidad reducida: rampas, ascensores y eliminación de las barreras arquitectónicas. De cualquier modo, si se conoce que habrá participantes con problemas de movilidad, se debe comprobar que el acceso al lugar del evento se puede realizar con normalidad.

Otros criterios relacionados con el espacio serían la presencia de servicios cerca y accesible y la cercanía a la entrada y salida del local.

Importante

Se debe garantizar el acceso a todas las actividades a todos los participantes.

Respecto al espacio, hay otros elementos a considerar, de manera general, sin obviar las necesidades específicas que pueda tener tanto una persona, en concreto, como un colectivo. Es relevante disponer de sillas y ascensor. Además, hay que tener las indicaciones o la posible documentación en braile, por si fuese necesario. Identificar espacios y lugares concretos con pictogramas facilita la ubicación no solo a personas con algunos tipos de discapacidad, sino también a niños que aún no saben leer y a personas mayores.

Disponer de cambiadores y salas de lactancia, en el caso de que haya menores, ya sean usuarios de la actividad o no, son elementos que facilitan el acceso de todo el mundo.

Tipos de rampas (© Fotografía: Alba-Balamand y Coyau, vía web-CC BY-SA 3.0)

Respecto al material, cuando la persona tenga algún problema que le dificulte la manipulación o su uso, se debe contar con material adaptado y, en caso de que no sea posible o el grado de limitación sea severo, el participante contará con la ayuda de un animador especializado que le sirva de apoyo.

 Sabía que...

El Real Decreto Legislativo 1/2013, de 29 de noviembre, por el que se aprueba el Texto Refundido de la Ley General de derechos de las personas con discapacidad y de su inclusión social y el Real Decreto 505/2007, de 20 de abril, regulan la accesibilidad y las barreras arquitectónicas.

 Aplicación práctica

El delegado de cultura del su ayuntamiento le llama para ofrecerle organizar la animación de la feria del libro. Le dice que va a montar una carpa donde pondrá una pequeña biblioteca con libros infantiles. Quiere que en esta carpa se realicen actividades de

Continúa en página siguiente >>

<< Viene de página anterior

animación a la lectura para niños durante el fin de semana. Por otro lado, como la temática de la feria es la literatura histórica, quiere que uno o varios animadores se disfracen de acuerdo con la temática de la feria para entregar los folletos informativos con las actividades de la feria a los visitantes.

Con esta información, ¿qué aspectos debería concretar y con quién para comenzar a organizar la animación?

SOLUCIÓN

Habría que confirmar con el delegado de cultura del ayuntamiento (o si no es posible, pues con la persona responsable) algunos aspectos:

- Fecha de la feria.
- Duración de la feria (para saber cuánto tiempo se debe hacer la distribución de los folletos).
- Cuándo se monta y desmonta la carpa.
- A qué edad o edades estará dedicada la animación a la lectura.

Con el responsable de los animadores de la entidad:

- Disponibilidad de animadores en las fechas concretas.
- Idoneidad de los animadores para realizar la animación a la lectura.

Finalmente, con el responsable del inventario:

- Existencia de disfraces y caracterización de tipo histórico.

---

4. Criterios de uso de los recursos materiales en veladas y espectáculos con fines de animación

Los recursos materiales deben utilizarse correctamente de manera que su funcionamiento sea óptimo.

También es importante cumplir una serie de medidas de seguridad para minimizar las posibles situaciones de riesgo tanto con el material como con el personal humano.

4.1. Organización y distribución del material en función de las características de los usuarios, número de participantes en la actividad, objetivos que se persiguen, experiencia manipulativa de los usuarios y estructura organizativa de la actividad

Todas las entidades disponen de un lugar donde se almacena el material que —independientemente del tamaño que tenga— debe cumplir una serie de medidas de seguridad para evitar posibles accidentes

Cuando el equipo de profesionales se desplaza a un establecimiento turístico-hostelero, debe llevarse el material que va a utilizar en las diversas actividades o al menos parte de él. Pero, ¿cómo se organiza este material? ¿Quién lo organiza y cómo?

El material debe organizase de manera que se cumplan dos requisitos:

- Que esté disponible cuando sea necesario.
- Que el tipo de almacenamiento no suponga ningún riesgo ni para el personal del establecimiento ni para el equipo de animadores ni por supuesto para los participantes.

Cuando son varias actividades las que se van a realizar durante un periodo largo de tiempo, es práctico organizar todo el material que se va a utilizar en cajas o contenedores donde se indique el día y el taller, y luego una caja común con material habitual que se utilice varias veces como es el caso de los equipos de sonido.

En el caso de actividades para una semana, se indicaría en cada caja el material de cada día (lunes, martes, miércoles, etc.) y la actividad; por ejemplo: concurso mañana lunes, musical martes noche, etc.

Habría que acordar previamente si una persona en concreto sería la responsable de distribuir todo el material diariamente o si se hay un encargado del material por secciones: ambientación, material deportivo, etc.

Dependerá de la estructura organizativa de cada entidad y del volumen de material que se necesite para los eventos de animación.

Hay que distinguir entre los materiales que son de uso exclusivo de los animadores y el que es para uso de los participantes de la actividad.

También hay que distinguir a la hora de la organización el material específico del general. El material específico, como el sonido o las luces, es uno de los primeros elementos que deben instalarse. Debido a la complejidad y a que suele requerir conocimientos previos, la instalación la realiza personal especializado, aunque sean trabajadores de la empresa de animación.

El tiempo de montaje y pruebas de este tipo de material debe aparecer recogido en la hoja de montaje y ser tenido cuenta por el coordinador del evento a la hora de coordinar el resto de elementos.

No todas las actividades tienen material para uso de los participantes.

En el guion de la actividad debe aparecer recogido en qué momentos concretos serán necesarios qué materiales. Cada animador debe ser responsable del material que se le asigne.

Los materiales pueden ser un elemento de la animación (máscaras para los participantes de un baile de carnaval), de la decoración (guirnaldas de flores para una fiesta nupcial) o de un juego (pelotas, palas de tenis); pueden ser una parte de un puzle de una yincana de busca tesoros, el premio de una entrega de premios, disfraces para los animadores de un gag, etc. Hay tantos como tipos de actividades.

En el caso de los participantes, si se está haciendo juegos por equipos, lo habitual es que los materiales se repartan para cada equipo. Si se quiere fomentar la competición pueden repartirse menos materiales que participantes y convertirse en un objetivo del juego el conseguirlos todos. Si, por el contrario, lo que se quiere valorar es la cooperación, se animará a los participantes a compartir los materiales. Esta segunda opción es especialmente indicada para los niños.

Si la actividad requiere que cada participante tenga sus propios materiales, hay que asegurarse de que hay suficiente material para todos antes de que dé comienzo.

Como ya se ha indicado, el material debe haber sido revisado previamente y estar en un estado óptimo.

Los niños son un apartado distinto. En relación con los materiales se seguirán las siguientes reglas:

- Usar siempre material adaptado para uso infantil (tijeras de punta roma, encuadernadores de plástico, barro sin modelar, etc.).
- El material debe siempre ser apto y no tóxico.
- La pintura de cualquier tipo debe ser lavable.
- Si los niños traen material propio (por ejemplo, para un taller de material reciclado) se debe recoger primero y repartirlo tras haberlo revisado previamente.
- Los materiales que puedan suponer un mínimo riesgo (tijeras, cola, etc.) deben ser supervisados siempre por un monitor.
- Salvo que se autorice así, los materiales no deben salir de la zona del evento.

Material adaptado infantil (© Fotografía: Modeha,Crayonsman y Dan Bollinger vía web-CC BY-SA 3.0)

El material debe estar siempre listo antes de que comience el espectáculo. El tiempo lo determina el tipo de material: en el caso de una fiesta, lo primero que hay que tener listo es la ambientación y los equipos de música y sonido. Si hay que probar la música, se haría después del montaje del equipo de sonido.

Como norma general, el orden sería:

- **Música, sonido, etc.:** cualquier elemento electrónico, ya que requiere más tiempo de preparación y mayores medidas de seguridad.
- **Ambientación:** incluye la decoración del espacio y la caracterización de los animadores.
- **Materiales para los participantes:** tanto s se entregan al comienzo de la actividad como durante el desarrollo deben estar listos aproximadamente una hora antes de que comience el evento. La diferencia será dónde se guardan durante el desarrollo (nunca alejados de la actividad).

Actividades

8. Buscar en Internet al menos cuatro ejemplos de material adaptado para personas con movilidad reducida.
9. ¿Cree que es un material que se puede hacer compatible con actividades de animación?

4.2. Protocolos de utilización

En general, hay dos tipos de materiales con protocolos de utilización distintos:

- **Materiales cuyo montaje y uso —debido a sus características— debe hacerse por especialistas:** es el caso de los equipos de sonido y música, del *catering,* etc. En este caso, el coordinador debe conocer cuándo estará listo el material, el tiempo de preparación y demás detalles para organizar los horarios, pero no se ocupa de su montaje y preparación.

Como se viene repitiendo, el material audiovisual debe ser montado y desmontado por personas especialistas. Debe instalarse alejado de la humedad y de materiales con riesgos de arder. Se deben usar guantes apropiados.

El lugar donde se instalarán los equipos de música debe estar insonorizado.

En general, se debe asegurar que se cumplen todas las recomendaciones para evitar accidentes.

No se debe permitir que personas sin formación manipulen cables sin supervisión.

En el caso de los alimentos, el personal que los manipule debe tener el correspondiente curso de manipulador. Se debe asegurar que se mantienen las medidas correctas de conservación de los productos para evitar posibles intoxicaciones.

■ **Materiales cuyos responsables son los propios animadores:** en este caso, en el guion de la actividad debe recogerse quién es el responsable de cada material. Este aspecto debe quedar claro para todos los animadores para que todo esté perfectamente coordinado.

También debe quedar claro dónde estarán guardados los materiales en cada momento para poder acceder a ellos.

Los materiales no deben ser usados por los participantes si los responsables de la actividad no lo autorizan. De esa manera se evitan posibles accidentes debido al mal uso.

Si es necesaria alguna recomendación de seguridad o instrucciones de uso, el animador debe asegurarse de que la información llega a todos los participantes.

4.3. Inventario. Reposición, circulación y condiciones de almacenamiento

Toda entidad debe tener un fondo de materiales propios de distinto tipo. El registro de dicho fondo se realiza a través de un modelo que se denomina **inventario.**

 Definición

Inventario

Relación detallada de las existencias de materiales organizadas por grupos temáticos donde debe aparecer el número de unidades en existencia y la descripción de los artículos. También se debe anotar si un aparato no está porque se esté reparando, por ejemplo.

Cuando algún material no está porque se está usando para un evento, debe indicarse qué evento es, cuándo se debe devolver y quién es el coordinador de la actividad o la persona responsable de dicho material.

Se debe indicar siempre la última fecha en la que se ha actualizado la información.

Lo habitual es tener un inventario digital, en un archivo en el ordenador, y otro en papel. Este último normalmente se encuentra en el lugar donde se guarda el material.

Debe haber una persona al menos como responsable de mantener el inventario actualizado, de reponer el material que falta y de asegurar las condiciones de almacenamiento. Para mantener la organización en todo el material es recomendable que solo la persona o personas responsables del inventario tengan acceso al material y que los coordinadores de los diferentes eventos se dirijan a ellos con las peticiones.

En el inventario deben aparecer al menos los siguientes apartados:

- Clasificación del material: ¿qué clase de material es?: equipo, material didáctico, etc.
- Número de unidades en existencia.
- Fecha de entrada.
- Fecha en la que se revisó por última vez el inventario en relación a la existencia real de materiales.
- Ubicación: el lugar donde se guarda.

- El nombre y la firma del responsable que hace la anotación.
- Cualquier otro dato que sea de utilidad para el almacenaje o la localización del material.

Recuerde

El inventario debe recoger todos los materiales que posee de la entidad.

Actividades

10. ¿Por qué cree que es mejor que el acceso al inventario y al material sea reducido a una parte reducida del personal? Razonar su respuesta.

En general, a modo de ejemplo, el material recogido en el inventario sería:

EQUIPO	HERRAMIENTAS Y UTILLAJE	JUEGOS, MATERIAL LÚDICO	MATERIAL DE FIESTAS	MATERIAL DIDÁCTICO
- Micrófonos - Megafonía portátil - Televisión - Vídeo - Mesa mezcladora de sonido - Amplificador - Ecualizador	- Mesas y sillas plegables - Panel informativo móvil/folletos - Pancartas - Herramientas bricolaje	- Cronómetro, silbatos, cuerdas para jugar en la playa, balones, material playa - Juegos mesa: bingo, parchís, damas	- Guirnaldas, serpentinas, etc... - Material de decoración	- Para las actividades: cuentos, películas, etc.

Continúa en página siguiente >>

<< Viene de página anterior

EQUIPO	HERRAMIENTAS Y UTILLAJE	JUEGOS, MATERIAL LÚDICO	MATERIAL DE FIESTAS	MATERIAL DIDÁCTICO
- Focos - Mesa mezcladora de luces - Proyector de diapositivas - Retroproyectores - Cámara de vídeo - Cámara de fotos - Karaoke - Televisión - Consolas	- Pies para micrófonos y otros utensilios apoyo	- Paracaídas - Disfraces infantiles - Disfraces adultos - Maquilaje de cara - Artículos de broma - Sacos de tela - Cartulinas - Globos - Telas diversas - Plastilinas - Pinturas - Material fungible		- Para los propios animadores: bibliografía sobre veladas, juegos, integración, pintura de cara, etc.
...	...	...	...	...

Este es un ejemplo de material que suele estar presente en un inventario básico. Dependiendo de en qué áreas se especialice la entidad, dispondrá de un tipo de material más específico que puede ir desde material deportivo hasta títeres, material para talleres de pintura, etc.

Aunque, en general, el material no es intrínsecamente peligroso intrínsecamente, debe almacenarse cumpliendo unas medidas básicas de seguridad:

- No apilar cajas en más de tres o cuatro niveles.
- Guardar correctamente los objetos punzantes.
- Desconectar los equipos electrónicos.
- Quitar las pilas antes de guardar cualquier juguete o equipo.
- Etc.

4.4. Situaciones de riesgo habituales en instalaciones y recursos materiales

En base al tipo de material que se utiliza habitualmente, la situación de riesgo más seria en el ámbito de la animación es el riesgo de incendio.

El lugar donde se guardan los materiales debe disponer de un sistema de detección de incendios adecuado.

Los animadores deben conocer las salidas de emergencia por si fuera necesario evacuar a los participantes.

A la hora del manejo de los materiales, se observarán las normas oficiales al respecto.

Como norma general, durante el desarrollo de las actividades se evitarán conductas de riesgo.

En el caso de talleres de manualidades, y también a la hora de organizar la ambientación, debido a la manipulación de tijeras, punzones, agujas, etc., existe el riesgo de cortes y pinchazos.

Un riesgo muy común de accidente es el de caída de personas al mismo nivel a causa del cableado de los equipos de sonido u otros materiales como ordenadores, proyectores de imágenes, etc.

El ruido es un riesgo al que se enfrenta el personal de animación en general y el que suele trabajar con los equipos de sonido en particular, al estar expuesto a muchos decibelios durante toda la jornada laboral.

En el caso de los animadores, hay dos situaciones de riesgo muy comunes a evitar:

- El estrés.
- Accidentes en actividades deportivas debido a falta de calentamiento.

En una profesión que implica coordinar y realizar actividades diversas y a veces coincidentes en el tiempo, es habitual que los profesionales sufran estrés en distinto grado.

También es importante cuando se realizan actividades al aire libre seguir las medidas apropiadas para evitar la deshidratación y las quemaduras por el sol.

Estas recomendaciones son extensibles a los demás participantes de las actividades.

Accidente	Enfermedad	Fatiga física o mental (otra patología)	Estrés (otra patología)	Insatisfacción (otra patología)
Atrapamiento por o entre objetos	Exposición a contaminantes químicos	Inadecuada postura	Atraco	Monotonía
Caída de personas a distinto nivel	Exposición a contaminantes biológicos	Inadecuado manejo de cargas	Alto ritmo de trabajo	Falta de autonomía
Caída de personas al mismo nivel	Ruido	Inadecuada recepción de la información	Acumulación de tareas	Falta de participación
Caída de materiales y objetos por desplome	Iluminación inadecuada	Inadecuado tratamiento de la información	Alto nivel de atención	Bajo contenido de las tareas
Pisadas sobre objetos, choques contra objetos inmóviles	Exposición a temperaturas extremas	Respuestas dinámicas (rápidas soluciones)	Cantidad de información a tratar	Función o rol que desempeña
Choques o atropellos con equipos de transporte			Calidad de información a tratar	Ausencia de comunicación
Atrapamiento por el vuelco de los equipos de transporte			Malas relaciones	Malas relaciones

Continúa en página siguiente >>

<< Viene de página anterior

Accidente	Enfermedad	Fatiga física o mental (otra patología)	Estrés (otra patología)	Insatisfacción (otra patología)
Cortes				
Pinchazos				
Exposición a temperaturas extremas				
Contactos térmicos				
Contactos eléctricos (directos e indirectos)				
Explosiones				
Incendios				
Agresiones				

4.5. Medidas y protocolos de seguridad e higiene en el uso y el mantenimiento

La seguridad en los lugares de trabajo está regulada en el Real Decreto 486/1997, de 14 de abril, por el que se establecen las disposiciones mínimas de seguridad y salud en los lugares de trabajo.

En el caso concreto de la organización de eventos con fines de animación se destacarían seis aspectos en relación con las medidas de higiene y seguridad:

- **Formación básica en primeros auxilios:** aunque no es imprescindible, es recomendable que los animadores tengan una formación básica en primeros auxilios de manera que, si se plantea una situación de peligro, sepan realizar los primeros auxilios a la persona afectada. Es imprescindible que siempre haya disponible un botiquín equipado con el material más básico para primeras curas.

  Ante un accidente debido a un corte, una caída o un desmayo a causa del calor, hay que valorar el daño que sufre la persona.

Hay que disponer de los teléfonos actualizados de emergencias sanitarias y de los bomberos.

- **Higiene personal:** la higiene personal es fundamental si se pretende establecer una buena relación con otras personas, aún más si el objetivo es crear un clima agradable que fomente la participación. Es muy importante que todos los animadores tengan una escrupulosa higiene en todo momento, tomando especial precaución en actividades en la playa, al sol, en competiciones, donde hay más probabilidades de ensuciarse y de que aumente el olor corporal. Lo habitual es el uso de uniformes que por un lado ofrecen una buena imagen como profesional y que además facilitan la identificación por parte de los participantes de los eventos.

- **Conocimiento de las instalaciones donde se van a desarrollar las actividades:** es recomendable que los animadores sepan dónde están las vías de escape y sepan seguir las señalizaciones de emergencia. En caso de un incendio o cualquier emergencia, deben ser capaces de guiar a los participantes de la velada a la salida más cercana.

- **Ergonomía:** posturas incorrectas en el trabajador. Según la Asociación Internacional de Ergonomía, la ergonomía es "el conjunto de conocimientos científicos aplicados para que el trabajo, los sistemas, productos y ambientes se adapten a las capacidades y limitaciones físicas y mentales de la persona".
  Está relacionado con la salud laboral y busca adaptar el trabajo a las capacidades y posibilidades del ser humano.

- **Prevención de robos, hurtos y pérdidas:** en algunos establecimientos turísticos-hoteleros se realiza formación entre los empleados para detectar posibles ladrones que se infiltran entre los clientes, sobre todo en actividades muy numerosas o en temporada alta.

Sabía que...

En temporada alta, en los espacios hoteleros, los hurtos se comenten más hacia huéspedes extranjeros.

Los establecimientos de ocio realizan periódicamente simulacros de incendios de manera que todos los empleados conozcan el protocolo de seguridad.

También existe en las empresas el responsable en prevención de riesgos laborales y salud e higiene en el empleo que se encarga de dar formación e información sobre medidas de seguridad y sobre enfermedades propias de cada trabajo. Ofrecen consejo sobre cómo evitar malas posturas, la manera correcta de mover objetos pesados, etc., siempre relacionados con las características del trabajo que se desempeña.

Concretando medidas preventivas particulares, se tendrá en cuenta:

- Ante el riesgo de incendio:
- Vigilar el uso de aparatos eléctricos como calentadores, climatizadores, máquinas de humo, etc.
- Evitar la acumulación de basuras, papel, etc.
- No permitir fumar cerca de moquetas, cortinas, papeleras, etc.
- Evitar la presencia de materiales combustibles (decoración, ambientación de una sala) próximos a fuentes de calor (equipos de música).
- No permitir el uso de bengalas o fuegos artificiales en espacios cerrados

Ante el riesgo de cortes y pinchazos:

- Uso de material en buen estado.
- Usar guantes protectores cuando sea necesario.
- Manipular los materiales con cuidado y responsabilidad.
- No permitir que personas sin formación usen material peligroso.

Ante el riesgo del ruido:

- Uso de tapones protectores o cascos aislantes del ruido.

Ante el riesgo de caída de personas al mismo nivel a causa del cableado de los equipos:

- Señalizar o restringir el acceso a las zonas con más volumen de cableado.
- Utilizar protectores que cubran el cableado.

- Tener especial cuidado al mover moquetas y alfombras.

Ante el riesgo de lesiones deportivas:

- Mantener una buena forma física.
- Calentar antes de realizar cualquier actividad.

Ante el riesgo de estrés:

- Aprender a detectar las primeras señales de estrés.
- Mantener una actitud comunicativa con los demás compañeros y los superiores.
- Aprender a delegar responsabilidades.
- Poner en práctica técnicas de relajación.

Ante el riesgo de deshidratación y daños por la exposición al sol:

- Usar crema protectora de un factor apropiado para la piel de cada persona.
- Llevar ropa adecuada.
- Tomar agua o líquidos suficientes a lo largo del día; por lo general, pequeñas cantidades pero con cierta frecuencia.
- Evitar programar actividades de alto impacto en los meses de verano en las horas centrales del día.

Actividades

11. ¿Qué daños debido a malas posturas y mala gestión de la ergonomía considera que pueden ser habituales en un animador?
12. ¿Cómo se podría evitar?
13. ¿Cree que es una profesión con enfermedades características?

Aplicación práctica

Usted forma parte de una asociación sin ánimo de lucro a la que se le encarga realizar las actividades correspondientes para la celebración del día del Niño el 20 de noviembre. Las actividades consistirán en un cuentacuentos sobre los derechos del niño, una sesión de juegos cooperativos y la lectura de un manifiesto por la infancia.

Finalmente, se lanzarán al cielo diez globos chinos de papel con una pequeña llama dentro (uno por cada derecho fundamental).

Toda la actividad se realizará en una plaza pública durante la mañana.

Exceptuando los juegos cooperativos, las demás actividades que conforman el evento se harán en una plataforma de madera que se ha equipado con sonido, música y micrófonos.

Se le entrega una serie de medidas de prevención de riesgos: ¿son correctas para la actividad a desarrollar? Razónelo.

I Ordenar el cableado ajustándolo a una zona concreta de acceso restringido.
I Ajustar los cables al suelo con cinta americana.
I Vaciar las papeleras para evitar el riesgo de incendio.
I Usar crema solar e hidratarse.
I No permitir a los niños manipular los globos y las velas.
I Pedir a todos los animadores que ayuden al montaje de la plataforma y los aparatos de sonido.

SOLUCIÓN

Ordenar el cableado ajustándolo a una zona concreta de acceso restringido: es correcto; se hace para evitar caídas y tropiezos debido al desnivel.

Ajustar los cables al suelo con cinta americana: es correcto; igual que en el ejemplo anterior se hace para prevenir caídas.

Vaciar las papeleras para evitar el riesgo de incendio: no es necesario; dado que la actividad se realiza en un espacio abierto. Los globos que se van a lanzar arden y se volatilizan en unos segundos, por lo que no hay riesgo de incendio.

Continúa en página siguiente >>

<< Viene de página anterior

Usar crema solar e hidratarse: no es necesario; aunque la actividad se realiza al aire libre y por la mañana, dado que es en noviembre, al contrario, la recomendación es llevar ropa de abrigo o para la lluvia en caso de que sea necesario.

No permitir a los niños manipular los globos y las velas: correcto; aunque el tipo de material no suponga un riesgo excesivo, sí es peligroso si no se manipula correctamente. Es por esto que solo los animadores deben tener acceso y manipular los globos, velas, etc.

Pedir a todos los animadores que ayuden al montaje de la plataforma y los aparatos de sonido: no es correcto; como se ha venido repitiendo, a ser un material concreto con una necesidad de conocimientos concretos para el montaje solo el personal autorizado y preparado para ello es el responsable de esta parte del material.

---

5. Cronograma y desarrollo organizativo

El cronograma es una lista con todos los elementos principales de un proyecto con sus fechas previstas de comienzo y final.

El objetivo es que con una simple mirada se vea claramente qué cosas deben estar confirmadas en qué momento de la temporalización.

Se suele utilizar una fila con las semanas y una columna con las actividades, aunque el modelo se puede adaptar a cualquier otra franja temporal. Es un recurso que tiene un fin meramente práctico, por lo que no es necesario que la información esté demasiado detallada, sino que sea concisa y muy visual.

Actividad	Semana 1	Semana 2	Semana 3	Semana 4	Semana 5
Convocatoria					
Horarios					
Espacio					

Continúa en página siguiente >>

<< Viene de página anterior

Actividad	Semana 1	Semana 2	Semana 3	Semana 4	Semana 5
Materiales					
Personal humano					
Coordinación otros departamentos					
Reparto roles					
Ensayos					

Cronograma

5.1. Convocatoria

Una vez que se tiene conocimiento de un evento, ya sea al programar el trimestre o por una contratación concreta que pueda surgir, por ejemplo, hay que hacer una doble convocatoria:

- A los clientes potenciales.
- A los animadores.

En relación a los animadores, la convocatoria debe ser el primer elemento de organización dentro del cronograma.

En relación a los clientes potenciales, la convocatoria deberá realizase una vez se hayan confirmado al menos los siguientes puntos:

- La fecha exacta (día y hora).
- La disponibilidad del espacio que se necesita.
- Los monitores para el evento.

Para ello se usarán las medidas publicitarias que se consideren más adecuadas según las características del evento.

La convocatoria puede repetirse todas las veces que se considere oportuno.

La entidad de animación deberá concretar el evento con sus diferentes características y luego dar paso a la organización.

5.2. Horarios

Tanto los horarios de la actividad como de los ensayos y demás reuniones de preparación previa deben ser consensuados por los miembros de la organización de manera que sean viables.

Hay que considerar las prioridades en la organización, de manera que si se retrasa alguna gestión se asegure que las importantes para el correcto funcionamiento de la actividad se realizan cuando se ha programado y no afecta a la planificación global.

Hay que tener en cuenta a la hora de programar horarios aspectos como que, en general, las reuniones con otros departamentos serán por la mañana, los proveedores también suelen entregar la mercancía por la mañana, las pruebas de sonido no pueden hacerse a altas horas de la noche, etc.

Los ensayos suelen organizarse al final del día.

5.3. Criterios de organización

Tanto una empresa como una asociación sociocultural que realice eventos con fines de animación deben diseñar en sus orígenes una organización del trabajo que debe mantenerse más o menos fija durante la vida laboral.

Los criterios para la organización son muchos y dependen de las características de la entidad: es probable que una empresa tenga una organización más jerárquica que una asociación, que probablemente sea más horizontal.

Como norma general, el criterio para organizar al personal humano debe guiarse por la formación, las capacidades y las necesidades de la propia entidad.

Centrándose exclusivamente en las tareas de animación, de manera básica
se puede distinguir:

- Si se trabaja con distintos grupos de edad, un coordinador de actividades para cada uno.
- Una persona (o varias) responsable del material y el inventario.
- Una persona responsable de la publicidad y la convocatoria del evento.
- Una persona responsable del montaje y la puesta a punto del material (si es necesario).
- Un coordinador del evento.

Cuando el cronograma refleja semanas o meses, no suele indicarse el responsable de cada elemento. Esto queda recogido en la ficha de la actividad y en la planificación. Sí aparecen las funciones de las que deben ocuparse y su temporalización.

El coordinador de actividades diseñará y organizará las que sean más adecuadas a la edad y el contexto.

El responsable del material se asegurará que este esté disponible y en estado óptimo.

La persona responsable de la convocatoria y de la publicidad se encargará de dar a conocer el evento a todas las personas involucradas en él.

El coordinador deberá asegurarse de asignar las tareas a las personas adecuadas, controlar los tiempos, diseñar la programación, motivar al personal a su cargo, etc.

El momento de poner en marcha un evento debe ser para que cada cual realice las tareas que se han repartido previamente.

Existen más cargos dentro de una entidad: personal administrativo, coordinador general, responsable de planificación, responsable de desarrollar proyectos, encargado de formación, etc.

5.4. Coordinación con otros departamentos

Un evento de animación requiere de la correcta interrelación entre varios departamentos para su consecución.

Como elementos a considerar (sean de la propia entidad, del establecimiento hotelero o personal externo) hay que coordinarse:

- **Con el personal responsable de la gestión de la sala para el evento:** se debe confirmar disponibilidad y los horarios.
- **Con el personal responsable del inventario:** confirmar la disponibilidad del material, la cantidad y la idoneidad.
- **Con el coordinador de los animadores:** confirmar la disponibilidad de los animadores necesarios.
- **Con personal externo (música, carpas, escenografía):** confirmar el tiempo de montaje y desmontaje.
- **Espectáculos externos:** coordinar ensayos, pruebas de sonido. Necesidad de camerinos, etc.
- **Espectáculos internos:** igualmente coordinar ensayos y pruebas de sonido.
- **Empresa de publicidad:** coordinar la información correcta para la difusión del evento.
- **Con el personal del *catering*:** confirmar disponibilidad y horarios

Esta información sobre los aspectos que deben coordinarse y cuándo es fundamental que aparezca reflejada en el cronograma.

En general, la relación con otros departamentos es una de las funciones de las que es responsable el coordinador general.

Recuerde

El trabajo de animador requiere una gran dosis de creatividad e imaginación para evitar caer en actividades aburridas o repetitivas.

5.5. Criterios para el reparto de roles entre los participantes

El fin último de realizar un espectáculo con participantes no profesionales es hacer que se sientan protagonistas durante unas horas y disfruten de la emoción y la diversión de una velada lúdica. Por ello hay que asignar los roles de manera que se asegure un mínimo de calidad y que todos se diviertan.

Una actividad —ya sea un musical, un cabaret o algo más sencillo como unos sketches— que se realiza con participantes amateur conlleva una cantidad considerable de trabajo, por lo que sería aconsejable diseñar un cronograma exclusivo para ella.

En este caso, aunque la experiencia organizativa de los animadores dirija la planificación, se debe dejar espacio para que los participantes aporten sus ideas y propuestas.

Es difícil seleccionar a personas que no se conocen *a priori,* a menudo la experiencia resuelve dudas que de otra manera no tendrían solución.

Existen algunas dinámicas de grupo que pueden dar una idea de las habilidades artísticas de los participantes.

Algunos criterios para el reparto de roles serían:

- **Experiencia:** ¿ha participado la persona anteriormente en un evento parecido?
- **Habilidades personales:** ¿sabe cantar, bailar?, ¿es especialmente habilidoso en algo?
- **Parecido con el personaje a representar.**
- **Expresión oral:** que se pueda percibir con claridad lo que se recita.
- **Expresión corporal:** que los actores o las actrices muestren soltura y armonía corporal de acuerdo a la intención de la obra.
- **Responsabilidad y compromiso con los ensayos y el espectáculo:** se elegirán preferentemente personas que declaren interesante la actividad, que acudan a la primera convocatoria puntual y que en general demuestren una actitud de interés en la actividad.

El reparto de roles puede convertirse en un tema delicado si no se gestiona bien, sobre todo si la actividad se va a realizar con un grupo de personas que no se conceden de antemano, que no esté cohesionado y que puede que su único interés común *a priori* sea el hecho de estar compartiendo ese espacio, como, por ejemplo, puede ocurrir en un crucero de una semana.

Es recomendable hacerlo de forma que el responsable pueda dirigir de alguna manera la asignación de roles para garantizar un mínimo de calidad, pero que las personas tengan también la posibilidad de ofrecerse a realizar determinados papeles. Al fin y al cabo el objetivo es absolutamente lúdico.

Es muy importante evitar caer en estereotipos, ya sean de género, raciales, etc., ya que es fácil ofrecer papeles a un determinado tipo de persona porque puede parecer de carácter o parecido "similar".

También, hay que seguir insistiendo en la necesidad de incluir a todas las personas, sean cuales sean sus características.

5.6. Materiales necesarios

El desglose de los materiales necesarios es un elemento que en general no aparece en el cronograma. Quedan recogidos en la planificación y en la ficha de la actividad. Lo que sí se registra es el concepto general que en cada caso se considera necesario (material deportivo, decoración, etc.) y en qué momento del mes o la semana debe estar listo.

El responsable del inventario debe asegurarse de que los materiales están localizados y en perfectas condiciones.

Como recomendación general, es beneficioso para el desarrollo óptimo de cualquier evento que los materiales necesarios estén listos el día antes, a no ser que por sus características concretas esto no sea posible. En el caso del sonido, por ejemplo, si los altavoces, los reproductores y los micrófonos son de la entidad que organiza la velada deber ser revisados y confirmado su estado óptimo el día antes por el responsable. Las pruebas de sonido pueden hacerse una hora antes del evento. En el caso de que la procedencia del material sea externa, hay que asegurarse con los proveedores de que estará disponible y preparado con tiempo suficiente.

En ambos casos, hay que tener claro dónde se coloca o se guarda hasta el momento del inicio de la animación.

Actividades

14. ¿Se le ocurre otro modelo de cronograma diferente al que se ofrece de referencia?

5.7. Ensayos previos, criterios de oportunidad y guion de actuación de los distintos participantes

Una vez que se han asignado los roles para el espectáculo y todos los participantes se muestran satisfechos con el reparto, hay que organizar los ensayos.

Como se ha comentado previamente, debido a las características concretas de un espectáculo con clientes, este deberá tener un cronograma específico en el que uno de los aspectos más importantes será la localización temporal de los ensayos.

Los ensayos dependerán de:

- La dificultad del espectáculo.
- El ritmo de aprendizaje de los participantes.
- La disponibilidad de los participantes.

En previsión a que algún participante falte el día del estreno, se recomienda que varios participantes ensayen más de un papel para poder sustituir a otro actor en el caso de que sea necesario.

También se puede plantear un sistema de rotación de roles si el espectáculo se va a representar más de una vez.

En la medida de lo posible, hay que dar la oportunidad de que cada participante se exprese con libertad y dé rienda suelta a la creatividad y la imaginación propias. La idea es tener un guion que sea flexible, ya que no puede olvidarse que el objetivo principal de esta actividad es la diversión.

A simple vista, el participante más hablador o más seguro de sí mismo puede parecer el adecuado para llevarse el papel protagonista, pero hay que ofrecer la posibilidad a otros participantes de demostrar sus habilidades.

El coordinador de la actividad debe plantear desde un principio qué funciones hay que desarrollar pero dejar claro a los participantes que no se van a asignar los papeles hasta pasados unos días de ensayo.

Un buen recurso para que ver las habilidades de los potenciales actores es comenzar leyendo lo que se va a representar, de manera que más de una persona lea el mismo papel. Esta lectura se hará sin dar instrucciones sobre el personaje de ningún tipo.

Es importante conocer qué expectativas tiene cada una de las personas que se han ofrecido voluntarias, pues puede ocurrir que en un primer contacto el animador se haga una idea equivocada.

Se puede organizar el reparto de tareas de manera que sean los propios participantes los que elijan quién hará qué a través de una votación que puede ser anónima si eso reforzara la sinceridad.

Es fundamental que los animadores profesionales mantengan una actitud relajada y cordial durante toda la preparación de estas actividades, y que mantengan a los participantes con un buen nivel de motivación.

Recuerde

El ensayo con participantes amateur debe comenzar con tiempo suficiente para adaptarse al ritmo de todos los miembros.

Existirá un guion básico donde se indica el desarrollo de la actividad al completo, las distintas partes del espectáculo, qué debe hacer cada animador, dónde debe estar, qué material se necesita en cada momento, etc. Una vez se haya avanzado en los ensayos de la parte dramática, este guion debe ensayarse al completo de manera que no solo los actores sino los presentadores del espectáculo, los ayudantes de vestuario o cualquier otro rol distinto del de actor puedan practicar sus funciones.

Los gags, sketches, actuaciones para niños, cabarets de clientes, etc., pese a tener un guion más detallado, dejarán un espacio a la improvisación.

5.8. Cumplimentación de la ficha técnica de un montaje

No es habitual que el animador que coordine un evento sea el responsable de instalar todo el espectáculo, ya que elementos como el montaje de sonido, las carpas o los escenarios debe hacerse por especialistas, pero como coordinador sí que debe saber qué espacio se necesita, cuánto tiempo se tarda en montar y desmontar, el tiempo necesario para las pruebas de sonido y todos los factores que deben supervisarse con la idea del que el espectáculo comience con puntualidad y en las condiciones óptimas.

Elementos de los que debe disponer una ficha de un montaje:

- **Género:** identifica qué tipo de espectáculo es: velada, juegos de baile o *champagne,* concurso, musical, etc.
- **Técnica:** qué elementos dinamizadores de animación se van a desarrollar durante el espectáculo: malabares, música, teatro, etc.

- **Coordinación:** se debe anotar la persona responsable.
- **Animadores propios y externos:** se debe indicar cuántos animadores son necesarios, si forman parte del personal del establecimiento o la entidad con la que se trabaja, o si son contratados de manera externa, y las funciones de cada uno.
- **Duración:** el tiempo completo contando desde que se comienza a montar hasta que se desmonta después del espectáculo.
- **Espacio:** lugar donde va a desarrollarse el espectáculo. Hay que indicar tanto el lugar físico (por ejemplo, piscina) como el evento dentro del que se enmarca (convención, fiesta de bienvenida, animación infantil, etc.).
- **Destinatarios:** ¿a qué público va dirigido?: todos los públicos, niños (en este caso indicar la edad concreta), adolescentes, etc.
- **Repeticiones por día:** si el espectáculo se va a repetir, indicar cuántas veces por día y cuántos días en total.
- **Espacio escénico:** espacio en metros necesario para el montaje.
- **¿Se necesita camerino?:** en el caso de que los animadores necesiten maquillarse y caracterizarse. Responder sí o no.
- **Tiempo de montaje:** la duración lo más exacta posible del montaje.
- **Tiempo de desmontaje:** la duración lo más exacta posible del desmontaje.
- **Tiempo para la prueba de sonido:** tiempo indicado por los técnicos para probar los equipos de sonido.
- **Luces:** anotar qué luces se necesitan y las características técnicas si se conocen.
- **Audio:** semejante al anterior, los tipos de elemento de sonido y las características técnicas.

MODELO FICHA DE MONTAJE	
Género	
Técnica	
Coordinación	
Animadores propios y externos	
Duración	
Espacio	
Destinatarios	
Repeticiones	
Espacio escénico	
Presencia de camerino	
Tiempo de montaje	
Tiempo de desmontaje	
Luces	
Duración pruebas sonido	
Audio	
Otros	

Aplicación práctica

Como coordinador del departamento de animación, le entregan los siguientes datos de una velada circense que el hotel en el que trabaja quiere ofrecer a los huéspedes de julio como bienvenida.

"El hotel Sunnyhollidays quiere ofrecer como evento de bienvenida un espectáculo de circo.

Para ello se colocarán en la entrada adornos relacionados con el mundo del circo. Además, se va a montar una minicarpa de circo con unas medidas de 4 x 4 metros. Los técnicos dicen que el tiempo estimado de montaje es de 30 minutos.

Durante el espectáculo, actuarán tres malabaristas, dos payasos y un mago, y será presentado por un jefe de pista. El mago lo contratará el hotel, ya que es un mago conocido que está de gira en la cuidad.

Se harán dos sesiones de una hora y media cada una: una de mañana y otra de tarde los días 5, 6 y 7 de julio.

Las pruebas para el micrófono y la pista de audio son de 15 minutos".

Cumplimente la ficha de montaje en base a los datos que se le ofrecen.

Continúa en página siguiente >>

<< Viene de página anterior

SOLUCIÓN

MODELO FICHA DE MONTAJE	
Género	Velada circense bienvenida
Técnica	Malabarismo con pelotas, animación de payasos, magia
Coordinación	El alumno
Animadores propios y externos	Animadores propios: tres malabaristas, dos payasos y el jefe de pista Animadores externos: un mago
Duración	2,30 horas
Espacio	Cabaret de circo, exterior hotel
Destinatarios	Todas las edades
Repeticiones	Una sesión de mañana y una tarde los días 5, 6 y 7 de julio
Espacio escénico	4 x 4 metros mínimo
Presencia de camerino	Sí
Tiempo de montaje	30 minutos
Tiempo de desmontaje	30 minutos
Luces	Un cañón de luz y luces de colores
Duración pruebas sonido	15 minutos
Audio	Un micrófono y una pista de audio
Otros	

6. Resumen

Los diversos elementos que interaccionan para el correcto funcionamiento de un evento de animación requieren de una organización metódica por parte de sus responsables y una coordinación entre profesionales de ámbitos diferentes cuyo trabajo conjunto dará como resultado llevar a la práctica el espectáculo que previamente se había diseñado y programado.

Es fundamental contar con proveedores de material de calidad y que se dediquen con cierta exclusividad al ámbito de las actividades que desarrollan las entidades y empresas de animación.

Es importante ser capaz de valorar la idoneidad tanto de los espacios a utilizar como de los materiales y del personal humano, entendiendo cada uno de estos elementos como piezas que deben encajar a la perfección sin olvidar las medidas de seguridad e higiene.

Aunque el ámbito de la animación no se desarrolla en un ambiente de trabajo potencialmente peligroso, sí existen peligros y riesgos que se deben conocer y prevenir. Esto incluye tanto las precauciones que deben ser tenidas en cuenta a la hora de manipular, almacenar y organizar el material como a posibles comportamientos que pueden provocar una situación de riesgo.

Finalmente, hay que destacar la importancia de conocer el uso y la utilidad de instrumentos que facilitan la organización, como el cronograma o el inventario de materiales.

Ejercicios de repaso y autoevaluación

1. **Indique cuál de las siguientes afirmaciones es correcta.**

   a. Los elementos a la hora de organizar un evento son: el espacio, los materiales y los proveedores.
   b. El primero de los trámites a realizar es la selección de los animadores.
   c. Es habitual que el coordinador del evento sea el responsable de la organización.
   d. Ninguna de las respuestas anteriores es correcta.

2. **Sopa de letras: busque diferentes tipos de material de inventario e indique a qué grupo pertenece.**

D	I	S	F	R	A	Z	P	K	O	G
H	P	A	P	O	N	M	L	O	A	L
D	D	V	B	N	M	Q	M	X	Z	O
W	A	H	K	L	V	B	N	M	M	B
A	Z	D	V	A	L	O	N	L	E	O
M	I	C	R	O	F	O	N	O	S	S
A	D	C	A	s	A	h	H	T	A	N
A	X	S	A	S	A	L	L	I	S	M
Q	C	V	B	Y	D	T	P	O	H	P

_____

_____

_____

_____

_____

_____

_____

3. ¿A qué concepto corresponde la siguiente definición? "El conjunto de conocimientos científicos aplicados para que el trabajo, los sistemas, los productos y los ambientes se adapten a las capacidades y las limitaciones físicas y mentales de la persona".

_____

_____

4. ¿Qué criterios se pueden aplicar para el reparto de roles?

_____

_____

_____

_____

_____

_____

_____

5. Relacione los siguientes elementos de una ficha de montaje.

    a. Coordinador.
    b. Duración.
    c. Tiempo de montaje.
    d. Luces.
    e. Repeticiones por día.

    __ Qué luces se necesitan y las características técnicas si se conocen.
    __ La persona responsable.
    __ El tiempo completo contando desde que se comienza a montar hasta que se desmonta después del espectáculo.
    __ La duración lo más exacta posible del desmontaje.
    __ Si el espectáculo se va a repetir indicar cuántas veces por día y cuántos días en total.

6. Complete el siguiente texto.

_____: son el último elemento a organizar pero no por ello el menos importante. Hay que decidir qué materiales se necesitan por persona y calcular el total. Debe revisarse _____del material según esté recogido el inventario por si fuera necesario _____. Otro factor a te-

ner en cuenta son _____, que debe estar adapta-
do en caso de ser una actividad _____o con personas con algún tipo de
_____. Finalmente, hay que organizar dónde se va a guardar el mate-
rial durante el evento, de manera que esté disponible para los _____

7. **Indique cuál de las siguientes afirmaciones es verdadera o falsa.**

   a. En caso de que la sala para el evento no disponga de algún elemento se
   debe valorar si es posible añadirlo.

      ☐ Verdadero
      ☐ Falso

   b. Un animador debe ser alegre, empático, impaciente y con capacidad de
   trabajar en solitario.

      ☐ Verdadero
      ☐ Falso

   c. El trabajo del animador requiere una actualización de los conocimientos
   permanente.

      ☐ Verdadero
      ☐ Falso

8. **¿Qué importancia tiene la evaluación en la valoración de la idoneidad de los materiales y los recursos humanos?**

   _____
   _____
   _____
   _____

9. **Complete la definición.**

   Por "espacio escénico" se entiende... _____.

10. **Indique dos elementos de material correspondiente a los grupos siguientes que no se hayan citado en el material.**

▌ Equipo: _____

▌ Herramientas y utillaje: _____

▌ Material para fiestas: _____

11. **¿Con qué otros factores estarían relacionadas la formación continua y la preparación de los animadores?**

_____

_____

_____

_____

12. **Complete:**

a. Si se habla de realizar la reanimación cardiopulmonar en un situación de emergencia, se está hablando de _____.

b. Al referirse al uso del uniforme se está tratando de _____.

c. Si se indica la necesidad de usar crema solas, se habla de _____

_____.

13. **¿Qué nombre recibe "una relación detallada de las existencias de materiales organizadas por grupos temáticos donde debe aparecer el número de unidades en existencia y la descripción de los artículos"?**

_____

_____

14. **¿Por qué es necesario conocer y anotar en la hoja de montaje el tiempo de montaje y desmontaje?**

_____

_____

_____

_____

Bibliografía

Monografías

ÁLVAREZ, L. y SOLER, E.: *La diversidad en la práctica educativa.* Madrid: CCS, 1996.

ANDER-EGG, E.: *La animación y los animadores: pautas de acción y de formación.* Madrid: Narcea, 1989.

ANDER-EGG, E.: *Metodología y práctica de la animación socio cultural.* Alicante: Caja de Ahorros de Alicante y Murcia, 1983.

BLANCO, I.: *La educación en el ocio y el tiempo libre.* Madrid: CEAPA, 2011.

PALLARÉS, M.: *Técnicas de grupo para educadores.* Madrid: ICCE, 1990.

PÉREZ Serrano, G. y PÉREZ de Guzmán Puyo, M.V.: *¿Qué es la animación socio-cultural? Epistemología y valores.* Madrid: NACEA, 2006.

TRILLA Bernet, J.: *La pedagogía del ocio.* Barcelona: Laertes, 1996.

QUINTANA, J.M.: *Fundamentos de animación socio-cultural.* Madrid: Narcea, 1986.

Legislación

Ley 6/2022, de 31 de marzo, de modificación del Texto Refundido de la Ley General de derechos de las personas con discapacidad y de su inclusión social, aprobado por el Real Decreto Legislativo 1/2013, de 29 de noviembre, para establecer y regular la accesibilidad cognitiva y sus condiciones de exigencia y aplicación.

▌Ley Orgánica 3/2020, de 29 de diciembre, por la que se modifica la Ley Orgánica 2/2006, de 3 de mayo, de Educación.

▌Real Decreto 486 /1997 sobre disposiciones mínimas de seguridad y salud en los lugares de trabajo.

Textos electrónicos, bases de datos y programas informáticos

▌Animación sociocultural de la vida diaria en la tercera edad, de: <http://www.rafaelmendia.com>.

▌Fundación También, de: <https://tambien.org/>.

▌Fuía de organización de eventos accesibles, de: <https://www.ilunion.com/es/como-organizar-un-evento-accesible>.